新零售模式下的
快消品营销策略

谭长春 著

清华大学出版社
北京

内容简介

本书通过作者亲自操盘过的各种行业标杆性案例，对传统营销策略进行实战性总结，同时通过对移动互联、新零售、数字时代等的营销实战操盘、前瞻性软件工具系统开发，以及多角度、多层面的思考与实践，依据市场与消费者新的特点，结合传统营销，提供未来的适应性行业营销策略与引导。

此外，本书还着重对业绩、销售手段、新业绩解决范式、渠道建设、电商、产品管理、促销管理、深度分销、各种区域与市场操作要领、营销创新新手段进行了解读。

本书适合企业营销高管、企业高管，以及企业转型升级相关人员阅读。

本书封面贴有清华大学出版社防伪标签，无标签者不得销售。
版权所有，侵权必究。举报：010-62782989，beiqinquan@tup.tsinghua.edu.cn。

图书在版编目（CIP）数据

新零售模式下的快消品营销策略 / 谭长春著．—北京：清华大学出版社，2020.11（2025.2 重印）
ISBN 978-7-302-55405-9

I.①新… II.①谭… III.①消费品市场—营销策略 IV.①F713.58

中国版本图书馆 CIP 数据核字（2020）第 073366 号

责任编辑：杜春杰
封面设计：刘　超
版式设计：文森时代
责任校对：马军令
责任印制：刘海龙

出版发行：清华大学出版社
　　　网　　址：https://www.tup.com.cn, https://www.wqxuetang.com
　　　地　　址：北京清华大学学研大厦 A 座　　邮　　编：100084
　　　社 总 机：010-83470000　　　　　　　　邮　　购：010-62786544
　　　投稿与读者服务：010-62776969, c-service@tup.tsinghua.edu.cn
　　　质量反馈：010-62772015, zhiliang@tup.tsinghua.edu.cn
印 装 者：涿州市般润文化传播有限公司
经　　销：全国新华书店
开　　本：170mm×240mm　　印　　张：20.5　　字　　数：268 千字
版　　次：2020 年 11 月第 1 版　　　　　　　　印　　次：2025 年 2 月第 3 次印刷
定　　价：65.00 元

产品编号：085137-01

前言

由于产品特性,快消品业的移动互联进程是稍显保守的。本书将会提到在淘宝、京东等各类电商平台,以及各种快消品垂直电商平台中,快消品除个别品类外,其他品类发展至今没有令人欣喜振奋之象。

值得一提的是:马云在2016年阿里的云栖大会上提出了"新零售"概念。截至2019年年底,新零售概念已经提出三年了,不但没有太多的成功案例,而且不断地遭到质疑,包括侯毅这个"盒马鲜生"新零售样板的掌舵人,也在开始反思。

当然,包括前几年快消品行业发展非常火爆的B2B模式,一开始也是"各路英雄"蜂拥而上,意在抢夺快消品业的渠道利益,试图以弯道超车来实现逆袭。可是这几年下来,除去几个头部企业,更多的企业陷入了困境,如今还不知如何实现突围。

一些快消品企业在移动互联时代已经发展数年的情况下仍是一头雾水，不但没有洞察到移动互联的本质，进行适应性调整或创新，连一些巨头企业都集体失语，而且还多是被一些"现象级"风口牵着鼻子走，完全没有体现出自己的应变能力，更别说引领行业未来发展了。

这诸多现象表明快消品业的未来与移动互联之间的关系不太相融，那么未来快消品业还是应该以线下业务为主导吗？

作为从事快消品行业二十多年的老兵，我们并不太甘心。

于是，我们依托国内业绩与美誉度始终领先的企业管理咨询集团，不断地去集中多层面、多范畴服务企业的现实优势，以及最大限度地了解分析移动互联时代各种快消品企业的问题、焦虑、困境以及需求等情况，在此基础上我们独立开发了一套移动经营管理系统——软信，一边为企业做企业经营管理电商服务，一边应对企业的深层次需求，在此过程中就有了大量的匹配性尝试：

- 针对国内领先的传统乡镇门店连锁商业集团转型为 B2B 电商的现实需求。

- 快消品企业借用移动互联的粉丝进行产品开发的开放性尝试。作为可口可乐曾经的酷儿、冰露水、雀巢茶产品经理，否定过去，而对传统产品开发的封闭、主观性宣战。

- 快消品有了电商后，渠道变革如何开展？作为曾经横跨食品、饮料、啤酒等多品类产品的深度分销践行者，如何突破原来的深度分销，进行渠道变革，进行再探讨，以及工具实现。

- 快消品经销商们遭到移动互联的去中间化的无尽挑战，经销商们如何转型？以及企业如何与经销商形成真正的合作伙伴关系？我们试图用系统软件来解决问题。

- 快消品如何进行移动互联宣传推广？我们知道即使你有上亿元广告预算，也难以找到合适的渠道，于是，我们与微信合作开发，探讨移动时代的营销、宣传、推广发展新路径。

- 快消品在移动互联之后，能不能将终端真正纳入管理中来？我们尝试用"部门制"的移动管理方式来实现。

- 快消品行业下行，如何通过移动互联方式来解决业绩问题？我们试图用目标—策略—执行—能力闭环的逻辑，形成销售体系，努力为企业取得业绩保障。

- 各企业、各行业都在提新零售，新零售的本质是什么？新零售的应用，需要什么样的条件、技术、背景？新零售对人员以及企业能力的要求有哪些？传统企业如何转型、应用或升级为新零售？新零售如何与传统企业相结合？我们研究阿里及各追随新零售的企业的创新脉络及运营，看能否得到良好启示，并形成经验，为快消品行业的未来提供参考。

总之，在与团队的研究与现实测试中，我们一直真诚希望用实践为快消品企业的未来发展路径做更多的研究思考与具体工作。

在这一过程中，我们也逐渐体会到，原来消费品并不是与移动互联不相融，而是因为消费品本身是传统行业，所以升级较慢；因为产品销售无处不在，存量市场与运作，使企业创新突破还有所顾忌；因为渠道运作中，牵扯太多太广的利益相关者，因而创新应用不敢一刀切，只能是试点性地亦步亦趋。虽说有未来的数字时代大数据应用，但一个较直接的市场基础数据系统建立及应用起来谈何容易；虽说现在是直接面对消费者的时代，产品开发应是与消费者、粉丝一起来做的，但是整个产品经理体系要颠覆原来的模式，也绝非一日之功……虽然从这些方面看来，传统与创新正在胶着地斗争，但终归还是呈螺旋式上升的态势！

同时，快消品业 B2B 的运作，虽然现实中失败者居多，但让企业更加清醒地意识到：自己未来的数字化路径，其实还是要从混沌中走出来，继续回到价值创造的产品开发、消费者满足、市场数字化运营中来。自己的渠道运营在原来的传统体系中，总体规划以及创新性架构更重要。

新零售这个概念由阿里的创始人马云提出，现在张勇已经将新零售升级为阿里巴巴商业操作系统了。基于阿里的只是产业链上的价值传递而非价值创造、直接面对消费者的属性，我们应能发现，虽然马云的阿里新零售，不一定完全匹配传统的、全面的商业市场，但基于消费者，利用移动互联以及将来不断创新突破的技术，来重新审视经济社会中的企业、渠道中间商以及终端商的产品、价格、渠道、营销，并且开辟或找到更直接的营销能力，更加直接了解与满足消费者需求，实现经济社会、企业经营管理的升级式发展，还是可行的。当然，也正在此时。

既在此时，那么，就让我们在营销路上，继续同行！

谭长春

2020 年 10 月

目录

第一章 移动互联新零售时代的营销理念创新 / 1
1. 销售手段老三套不管用了,怎么办 / 2
2. 业绩存量下降,增量难获,怎么办 / 7
3. 移动互联时代,营销传播新思考 / 11
4. 解决业绩问题新范式——用手机经营企业 / 16

第二章 移动互联新零售时代的快消品营销 / 21
1. 电商到底能不能提升业绩 / 22
2. 食品、饮料、酒类的电商未来在哪里 / 25
3. 为什么电商价格可能会越来越贵 / 31
4. 你可能进了一个"假社群" / 35

第三章 与渠道共赢 / 38
1. 无论新旧零售,以价值为导向的渠道管理 / 39
2. 设计合理的渠道价格体系 / 43
3. 市场规范与批发商专销不矛盾 / 49
4. 经销商要管理好企业零售代表 / 53
5. 经销商"不听话""不服管",怎么办 / 58
6. 快消品 B2B 电商,多存在天然硬伤吗 / 62

7. 新零售能成为渠道新变革吗 / 66

第四章　渠道冲突管理 / 70

1. 渠道冲突，企业有责任 / 71
2. 企业对渠道要服务在先 / 76
3. 案例：可口可乐公司的渠道平衡之道 / 82
4. 如何"砍掉"大经销商 / 90
5. 新零售时代，C端电商已基本定局，电商人怎么办 / 95
6. 新零售时代，酒水业何时才能走出全行业电商发展困境 / 100

第五章　新渠道开发与建设 / 104

1. 可口可乐新渠道开发带来的启示 / 105
2. 啤酒企业如何打通餐饮渠道 / 110
3. 用户不增长，业绩还能提升吗 / 114
4. 新零售时代，转型做服务是经销商的好出路吗 / 118

第六章　产品管理、促销管理 / 121

1. 新产品上市前，如何做好市场调查 / 122
2. 新产品回转率不高，怎么办 / 127
3. 案例：冰露水上市的渠道运作 / 132
4. 促销创新的原点 / 138
5. 如何应对竞争对手促销 / 143
6. 凭什么你的产品就可卖高价 / 147
7. 王老吉与加多宝共享红罐，值不值得欢呼 / 151

第七章　深度分销与未来 / 156

1. 什么是深度分销模式 / 157
2. 深度分销中的终端管理 / 161

3. 终端掌控已经退化了，怎么办 / 165

4. 案例：深度分销模式下的新产品上市 / 169

5. 经销商不愿意送货，怎么办 / 177

6. 深度分销后的分销模式转型 / 181

7. 移动互联时代，深度分销还有效吗 / 187

第八章 销售组织设计与人员管理 / 192

1. 组织目标不只是完成销量 / 193

2. 组织设计要顺应市场变化趋势 / 197

3. 总部要有为一线区域市场服务的意识 / 202

4. 领导忙、员工闲，怎么办 / 208

5. 用体系防止员工犯错 / 211

6. 区域销售组织的执行力培训 / 215

第九章 市场管理的工具与方法 / 221

1. 员工抱怨报表太多，怎么办 / 222

2. 大区经理如何做月度分析报告 / 225

3. 大区经理如何做市场规划 / 231

4. 大区经理如何做好销售分析、决策 / 235

5. 销售总监如何做好区域市场规划 / 241

6. 案例：企业如何建立销售培训体系 / 246

第十章 市场操作要点、方法 / 250

1. 如何运作县、乡级市场 / 251

2. 三、四线市场如何做促销策划 / 255

3. 年底如何冲量 / 259

4. 如何做好团购业务 / 265

第十一章　营销创新案例解析 / 270

1. 天湖啤酒：少招人也能做好营销 / 271
2. 珠江啤酒：把啤酒当饮料卖 / 275
3. 广东燕京：在"废墟"上起舞 / 280
4. 舍得酒业：销量翻五倍的团购策略 / 287
5. 沱牌曲酒：中、低档白酒的发展路径 / 291
6. 从林依轮做饭爷辣酱看调味品经营动向 / 297
7. 都在谈汇源的问题，但为什么汇源还一直活着 / 302
8. 沱牌与1919酒类，代表整个白酒业的重新崛起 / 306
9. 新零售已来，伊利做水，会成功吗 / 310

后记　第四种力量与第一种变革力量 / 314

第一章 移动互联新零售时代的营销理念创新

1. 销售手段老三套不管用了，怎么办

有人说，传统企业做业绩就三板斧：广告、买赠、低价。

可是，也有人说，移动互联时代，好像很多企业还是难有突破，仍在用这传统的三板斧。

新零售时代已来，它对原来传统渠道进行着逆向冲击，不少新零售商直接拿自己的贴近市场的数据跟品牌商叫板。

如在"盒马鲜生"的战略中就提到，将来要实现自己一半的自有品牌销售。

怎么破局？

传统营销三板斧

很明显，传统销售首先靠做广告，利用了"认知大于事实"的认知特征，也利用了非移动互联时代人与人之间沟通的特点，从而单向、封闭、从上到下、非即时地进行沟通。这种沟通最好的方式就是广告：我说你听，我演你

看，消费者被动接受，接受了也就认为这是事实。同时，消费者也不是产品专家或者行业专家，很难了解产品的内在质量。这样，你就很容易成为产品的消费者。

特别是那些在央视做广告的品牌，很容易让人联想到：大品牌、有钱、不怕被坑、产品不好有投诉的地方、行业领先者，等等，从而放心购买。

买赠，这也是利用了消费者心理——占便宜。注意是占便宜而不只是便宜，那赠品好像就是不花钱得到的，其实在产品的定价里面已经包含了赠品的成本。营销上有一种产品定价方法叫撇脂定价法，先将价格定得很高，然后不断地降价销售，让你感觉占了便宜。这就是利用了消费者心理。其实，贪便宜也同样是在信息不对称的情况下产生的。

低价，在消费者对同类产品没法区分品质、效用等的情况下，价格成了唯一可对照的因素。所以，低价成了传统销售时代屡试不爽的营销手段。无论是当时的长虹，还是后来的格兰仕，都是价格屠夫，都是利用低价将对手逼退，自己上位的典型案例。

综合以上传统营销三板斧，我们发现了一个特点，那就是这些行为基本上都是在信息不对称的情况下，潜在用户就稀里糊涂甚至是心甘情愿地掏了钱，成了企业的消费者。

传统营销理念不行了吗

由于移动互联的出现，营销理念变了吗？由于新零售时代的零售商们进行了渠道运作反制，营销理念就被颠覆了吗？

首先是需求论，难道需求论不对了吗？消费者的需求可能会发生变化，如消费升级了，主流消费产品需要换挡了。但是，最终还是靠企业提供的产品与服务去满足消费者的需求。如可口可乐的百年碳酸产品虽然受到非碳酸产品的挑战，但是，消费者还是需要产品去满足他们升级的需求，所以，企业开发满足消费者升级的需求的产品就可以了。

其次，是消费者转换成粉丝了吗？我们先理解两者的定义。消费者，科学上的定义是，作为食物链中的一个环节，代表着不能生产，只能通过消耗其他生物来达到自我存活的生物……他或她购买商品……再来看粉丝，原来"粉丝"被称为"追星族"。但是"追星族"这个词早已被时尚抛弃。现在许多年轻人更喜欢"粉丝"这个词，粉丝就是支持者。

从上述两个定义可以看出，粉丝可能只是支持者，但不一定是消费者，而消费者必定是购买者。所以，新零售时代，消费者这个概念没有被颠覆。

产品就全是爆品了吗？应该不是，爆品下面可能藏着更多的其他同类产品。前几年火爆的淘宝品牌，现在在爆品榜单里已经基本找不到了。

渠道变了吗？渠道确实变了。消费者的购买场所发生了些变化，如由店铺转向网络。大家普遍认为淘宝只是将原来的线下批发市场搬到了网上。而就原来的流通分销来说，现在大家正在搏命地做B2B，其实，也就是将分销的部分功能放到了网上，并进行了整体升级。

线下营销变了吗？好像现在的地推，就是原来的线下推广。总体来看，是有一些变化，甚至是很多变化，如产品开发真的跟以前不同了，消费者的认知方式也跟以前不同了，以前的促销手段放到网上基本玩不转了……但是，好像营销的本质还是没变。

即便是新零售，商业本质仍没变，如何做好新营销

如果营销的本质没变的话，那么我们继续讨论如何做新营销就非常有现实意义了！这就相当于说，还是要满足消费者需求，还是要亲近消费者，还是要产品第一，还是要有渠道……只是，可能这一切的具体手段都变了，因为信息沟通的方式和方法都变了。

那么，如何依照信息沟通的改变来实现营销具体工作的改变呢？

（1）产品开发与打造。个人认为必须将消费者纳入进来，听取他们的意见甚至共同开发产品。我曾经做过可口可乐公司的产品经理，深知原来的产品开发方式，即使有调研，那也靠企业主观去开发产品。小米为什么能成功？我认为是因为一大批粉丝在小米产品开发之初就告知了他们的需求。

（2）品牌传播。品牌传播不能再依靠广告的单向强灌了，互动与体验将是打造品牌的重要手段。

（3）价格策略。既然是互动与体验，而不仅仅是卖产品的基本功能，同时，随着时代变迁，消费升级，这价格中间将融入情感、文化、社会等要素，那么进行定价的时候，就可以采取同产品不同价策略。当然，具体来讲，要敢于向低价宣战了！我们已经看到，不少产品的线上价格比线下实体店贵了！

（4）渠道打造。随着电商的兴起，传统渠道确实产生了巨变，特别是原来一直野蛮生长的经销商群体，首先就受到了电商的"去中间化"冲击，正在等待企业来挽救他们，同时不断地有B2B电商通过移动互联方式，链接起企业与终端。在这方面，企业可以大胆地尝试。也可以说，这条路将来必须走。

（5）促销。原来基本上是一个渠道促销活动可持续一个月甚至半年之久，消费者促销同理。随着渠道成员与消费者的集体上网，直接交流，促销只能异彩纷呈，不断出新招。招式过时了、促销无新意、不真诚，可能都将是移动互联时代的促销大忌。

（6）其他。当然还有很多方面的变化与新手段，如社交电商、各种裂变式营销、事件与商机营销、大数据营销、跨界、异业联盟、社群营销，等等，这些，就需要在营销过程中不断摸索、不断创新了。

2. 业绩存量下降，增量难获，怎么办

这几年，每每到了企业进行全年预总结的时候，不少企业、员工的业绩往往都很难完成。几年过去了，也很难看到有突破的迹象，各自都在忙转型、升级、突破，却基本上是瞎子摸象，难以找到或者摸索出适合自己的正确的发展道路。

举例来说：某区域新秀快消品企业，喊出"全年 6 亿元"的业绩目标，并且开发出了几款新产品，认为靠新品增量，就能完成当年的任务，结果，非但没完成 6 亿元的业绩目标，还比上一年同期下降了 4%！

国内某一流建材企业，其总裁是一名博士后，曾经一年制订 7 亿元的业绩目标，为了实现这个目标，该博士后除了聘请了新的营销副总裁之外，还对公司进行了结构治理……某老牌快消品企业，在整个行业近两年都负增长的情况下，他们每年制订的业绩目标还是比上一年增长 5%，很显然，实际业绩肯定是下降了……各种企业，其年度及阶段性目标，在经济形势好、消费力强的年份，总能像打擦边球似地实现。可是，在经济下行的大环境下，

是无论如何也实现不了的。

如此种种，怎么办？

传统经济下，业绩完不成的五大主要问题

综合本土各种企业的经营与管理，业绩计划完不成，主要应是如下五大问题：

（1）计划只是数字。这个数字是强压或非分析结果。

（2）计划只是口号。企业战略是拍脑袋产生的或根本没有，那么，战略目标也就是拍脑袋后形成的口号，并没有真正的经营意义。或者说是为了空洞的战略，从而喊出一个空洞的数字。

（3）计划与员工具体执行工作无关。也就是说，计划是计划，执行是执行，计划没能有效分解到每个具体的执行工作行为中。

（4）有计划，没跟踪。很多老板与领导只要执行的业绩结果，不问过程。试问，没有过程的执行，哪来良好的结果？只有过程做到位了，结果才能到位。

（5）计划只是领导的要求，公司并没有与之匹配的资源与能力。员工即使想努力，但是没方向、没方法、没工具、没资源，那么员工如何完成计划！

当然，业绩完不成，可能还存在各种资源、能力不匹配的因素，但是，又有哪个企业的资源与能力是完全匹配的？据相关数据显示，被卖掉的恒大矿泉水集团 2013 年、2014 年和 2015 年 1 月至 5 月的营收分别为 3 480.22 万元、9.68 亿元和 2.84 亿元，公司的亏损分别为 5.52 亿元、28.39 亿元和 5.55 亿元，累计亏损将近 40 亿元。虽然是在非常雄厚的资金背景下做市场，但是也出现业绩完不成的惨局。

移动互联时代是否能解决业绩完不成的问题

管理即沟通。在传统经济时代,沟通也即管理,是单向的、封闭的、从上到下的、不对称的、非即时的,甚至是非真实的!在此情况下,业绩执行的管理也就是滞后性管理。所以,业绩完不成,在传统时代确实存在一定的管理难度。

在移动互联时代,这些问题却是可以改善的。因为沟通的方式、方法以及工具都发生了变化,所以,在实现业绩过程中的诸多方式、方法与工具都得到了升级。

由于在移动互联时代,每人都有一部手机,如果我们将整个公司的业绩目标在手机上进行分解(即企业有一套移动经营管理的基本工具或系统),在此前提下,业绩是否能达成的一些基本问题就更容易呈现:

(1)如果企业制订的业绩目标很盲目、不合理,那么,根本就分解不到每个人身上去,执行无法推进的问题会很快显露出来;同样,拍脑袋订下来的目标,也同此理。

(2)员工业绩在执行过程中会产生问题,这些对业绩产生影响的真实问题,如果主管及领导不能及时辅导、支持与协同解决,那么业绩也是难以完成的。

(3)如果销售人员、促销人员、市场人员及其他业绩相关人员的工作做得不到位,那么真实情况将暴露无遗。

(4)如果经销商、分销商、终端等的各项与业绩相关的人、财、物等工作过程不到位,那么真实情况将暴露无遗。

(5)每位员工在实现业绩的过程中,需要的支持、沟通、协作、政策、配合如果不到位,真实情况也将暴露无遗。

（6）消费者对业绩是否完成的影响、竞争对手的情况，都能够及时得到反映。

所以说，原来需要一个月甚至三个月才进行的业绩分析、问题跟踪等，现在就可以即时得到信息，并利用移动互联的工具来解决。

业绩存量与增量，移动互联来逐步解决

当王老吉与加多宝还是一家，并且业绩已经做到120亿元时，他们有一个计划，即如何通过颠覆性的模式来实现业绩突破。这已经是十年前的事情了，当时即使有计划、有方案，但全国性区域化的分公司、办事处也是很难完全按总部意愿去实现的。但在移动互联时代，只要目标、执行、策略、人员与能力在一个移动互联系统里，那么原来的很多不可能将变成可能。

（1）在移动互联系统上，依据总体目标建立业绩目标并分解。

（2）自动跟踪员工按照目标执行的过程、结果。

（3）对员工业绩过程的达成，进行自我测算，或者形成阿米巴，自然而然形成内驱力。

（4）对员工业绩过程进行安排、辅导、督察，并且过程中提供各种帮助与支持。

（5）协助员工管理客户，以及让客户进行自我管理，从而提升业绩。

所以，影响业绩的问题，通过移动互联，在过程中得以解决。这样，你的业绩计划，一定是可以完成的！

经常听闻消费品业内的不少巨头，如可口可乐、华润雪花等都开始研究与摸索如何在移动互联下运营了。这是一个很令人鼓舞的迹象。都说快消品好像与移动互联有隔阂，不少快消品企业对移动互联无感觉，相信不久的将来，我们就能看到消费品业在移动互联大潮下，实现行业性升级与转型。

3. 移动互联时代，营销传播新思考

如今，好像再也没有人会说自己每日能吸纳多少粉丝了。

也再没有人敢说自己的各种传播手段又取得了多么辉煌的成果了。

更没人敢说我们又建了多少个微信群，而这些群粉丝，就是企业的主要传播者了。

大家的微博文章还在发，公众号还在经营，朋友圈广告还在做，群培训还在搞，可是……真正的效果，只有自己清楚。

移动互联时代的传播，分明已经走进了死胡同。

可以说，传播又已经死了！

为什么你的网络传播不再灵光

为什么你的网络传播不再灵光？移动互联时代，你必须既是传播者，又是被传播者。这种双重角色，使全民传播给传播带来的影响夸张到了前所未有的程度！

现在你做宣传,都已经受到如下的困扰与阻碍:

(1)原来正儿八经做问卷或电话调查,现在只在手机里进行了,而一大堆投票公司在帮你做假调查。

(2)原来是直接的电视电台广告与海报,内容直接干脆,并且场景基本聚焦,受众可以了解你要传达的基本意思。现在,无论是标题,还是内容,都需要绕一个大弯,最终表现出了突出的内容与形式,可是目标受众自己如同有"开关"一样,基本上还停留在过去。

(3)原来能做传播,现在只能做公关与软文了。受众还没看完,就没了兴致,或者看完了,但马上又忘了。

(4)原来只是直接的,叫作通稿,或一条15秒或30秒的广告,就能包打一切宣传渠道。现在,却要设想与制定各种场景,受众才有些许兴致。

(5)现在要不断地雇用水军,没日没夜地进行灌水。而同样,这些已经被目标受众视而不见。

(6)甚至是你就是想在公众号发发文章,这些文章的点击率已经从50%降到5%左右。而更可怕的是,你现在请读者将文章转发出去,也已经是难上加难了。

当我们还在埋怨非移动互联时代,信息传播是单向的、封闭的、从上到下的、非即时的、不一定是真实的传播,并且广告费很浪费时,移动互联传播已经产生了上述的变化。当链接不再是链接,而只是一个节点,甚至是阻隔链接的节点时,移动互联时代的传播,确实又陷入了困境。

所以,现在提倡企业不做传播,必须做互动。而互动则是一项难度更大的工作:需要场景,需要受众,需要主持,需要主题,需要各种配套支持与物料……

传播本身是一门专业

当然,企业传播本身就是个难题。因为,传播本身就是一门专业。

传播需要传播目标、传播定位、传播主题、传播节奏、传播对象、传播策略、传播触发、KOL(意见领袖)、传播媒介,等等。

传播需要演绎核心价值,传播内容要有内涵,要有个性,要有人格。

现在,传播更需要场景、KOL、点评点赞与互动,甚至要有弹幕让受众融汇参与,且所有的传播广告还不能太直接,否则影响体验。而 CPV(是 Cost Per View 的英文缩写,以广告显示量计费)、CPA(是 Cost Per Action 的英文缩写,以行为指标计费)、CPC(是 Cost Per Click 的英文缩写,以每点击一次计费),以及各种新型传播渠道视频、直播、App 的出现,更让人不敢懈怠。

全民传播造成了如下局面:

(1)有两千多万粉丝的微信公众号,每天发布的内容大多雷同。没有自己的原创内容,明显只图吸引粉丝,不能给目标用户带来任何价值。

(2)各种新兴的传播平台、渠道,由于没有专业性的打造,稍纵即逝。

传播本身就应该是不对称的吗

都说移动互联无情地将信息不对称打得满地找牙,很多原来靠信息不对称获利的行业,都受到了严峻挑战。

可是企业要将传播做好,是可以互动的,但要实现完全对称,却是很难将传播做好的。

只要是 B2C(即从企业组织到目标受众)的交流,那么就是有组织意志,组织意志必然包含了信息不对称的内容。如上所述，传播要表达的核心价值与内涵可能至少是要单向表达的：品牌个性是需要展现的、企业文化是需要主张的、愿景使命是需要案例表达的、新品上市是需要传达的、合作是需要说明的、活动是需要描述的、促销是要做陈述的……其实，传播本身就是一个信息不对称到认知层面、心理与态度层面，从而最终到行动层面的连续过程。

是否从此处就可以说：信息对称其实给企业组织传播带来了一定的困惑？这也就是很多人说的，移动互联时代，传播已经了无效果，需要互动与体验的原因？可是，要让一个企业组织完全与目标受众进行互动与体验，那是多么不现实啊！

为什么头条号及各种新闻客户端能快速崛起

最近用头条号发布文章做媒体、做宣传的越来越多了。除去不能够像微信公众号一样，可以在文章里做关注和阅读原文做链接外，其传播能力确实是非常强大。

头条号主要是利用了推荐机制。上面曾说到，在移动互联时代链接的节点原来是无障碍的，但是因为现在大家越来越不爱转发，从而传播的信息内容只能局限在熟人圈子里，而这种推荐机制可以推荐出去，脱离熟人圈子。如果其真的是推荐到你本身想要的目标受众那里的话，那效果就会更明显。而这种推荐机制，是迎合了传播就应该是信息不对称的传播规律。

为了更好地打造传播能力，更多的传播系统应时而生，如腾讯推出企鹅号和快报、一点网聚推出一点资讯、UC 推出 UC 订阅号等，而搜狐、腾讯、网易新闻客户端等老牌门户网站也将继续发力。

要传播，更要互动

全民传播的主要阵地就是公众号。而公众号的使用者，可能就觉得信息是对称的，媒体传播不一定是专业的，移动互联一定会是链接一切而产下的蛋。

几千万个公众号的产生，单从数量上来讲，就是一个全民的狂欢，而非专业媒体的菜园。公众号也没有推荐机制，腾讯更像是一个仅供全民网络文章编辑课程的工具型App，根本就不能叫公众号，只能叫"朋友圈订阅号"。也没有筛选机制，任由公众号自生自灭……所有这些，使整个中国的企业与机构，陷入了传播陷阱。

有人说了，微博不就是这样的吗？你不要忘了，微博也只成了一些大号以及他们粉丝的互动园地而已。绝大部分微博已经名存实亡！

同理，直播能接棒吗？看看上面的逻辑，直播同样不能承担传播大任！

正因为如此，移动互联时代，传播需要死而复生！

什么时候，我们的传播能不再如此彷徨呢？

4. 解决业绩问题新范式——用手机经营企业

新经济下，无论是移动互联的前期红利时代，还是新零售这个移动互联的深水区，企业又面临着各种新问题：品牌打造不能只靠广告忽悠了，渠道中间层级被削减了，传统渠道分销遇到瓶颈了，零售商直接在各种不知道从哪里冒出来的 App 上下单抛弃企业了，客户一天到晚嚷着也要像其他厂家一样的各种补贴了，促销遇上免费了，价格已经贴近地皮价了，人员已经越来越不适应网络营销时代的营销、销售一体化了，电商第一波已经错过，第二波更不知道该怎么做了……总体来说，在移动互联新经济时代，企业需要突破业绩的瓶颈！

新零售模式下，业绩问题是因为什么产生的

一切企业的问题最终都会反映在业绩上。要解决企业的业绩问题，虽然每个企业有差异，但肯定还是有其本身发展的规律以及解决问题的主线。只是业绩成长规律可能在新形势下，形成了新的体系、新的阵容与新的答案。

在新经济下，企业业绩问题主要是因为以下几方面产生的：一是经营方面，包括战略规划、目标实施、营销、销售等；二是管理方面，包括制度管理、人员管理、客户管理、销售管理、考核、激励、企业文化等；三是电商所带来的各种影响与变化。

看似是一个新板块、两个老层面，但经营与管理却是旧瓶装新酒，里面的内容已经被移动互联颠覆了。所以，我们可能要解决的问题的内容、方式、方法、工具，都要变了！

新零售模式下的企业经营

在经营上，战略显然是第一位的。可是在传统经济时代，战略是由上层制定后由科层制下的各层级员工来执行的。由于移动互联，需要承载战略实现的企业组织都从原来科层式逐步转变为各种内部平台、外部联盟、自组织、小型内部组织等，所以要完成战略目标，如果还采用原来的实施方式，业绩就要打个大大的问号了。并且由于在移动互联时代，移动办公、个人的目标达成直接汇总成企业目标的实现，这样，目标分解、执行、策略推进、赋能实现都成了比传统经济下更重要的工作。

另外，当然就是营销与销售这两大最重要的职能了。营销用广告将产品深入消费者的心里，销售用渠道将产品送到消费者的手上，企业基本上都不直面消费者。在传统经济时代，基于信息的不对称，基于"认知大于事实"，广告大行其道，企业通过创造各种"认知"来轻松获利。并且只要招募销售人员来维护经销商，企业也能实现一定的业绩目标。

而在新经济下，信息是对称的，"世界是平的"，各种营销努力，消费者都能够一眼识破真假，都能够直接形成"认知"；在销售方面，移动互联重新进行了资源共享、整合、链接，价格更透明了，渠道中间层级被挤压了，传统营销那三板斧消费者也都厌倦了，他们自己变成了产品辨识专家，在购买上，他们不再是被动的，而是主动的。

可以说，所有的新经济下的营销努力，如果不开放、打通、链接、共享、互动、分解、细化、跨界、精准等，都会受到一定的客户和用户的排斥与不认同，从而影响业绩。

新零售模式下的企业管理

管理即沟通。移动互联首先改变的就是人与人之间的沟通和关系。所以，管理也将面临新形势下的巨大改变。

原来的管理是单向的、封闭的、从上到下的、滞后的，甚至是强权控制的，在移动互联时代，管理已经是互通的、开放的、多边的、即时的、民主的。如果管理不做改变，那么，管理不只是在效率、效果以及效益上大打折扣，更重要的是可能会越来越走不通，最终进入死胡同！

原来的制度管理是基于事的，新经济下主要是基于人的。原来是对人员进行管理，现在是"赋能"。原来的管理，首推制度化、流程化、标准化，考核与激励都基本滞后，决策与会议内容的上传下达依靠行政来实施。计划靠安排，指挥靠通知，协调靠相关部门的积极性，控制靠死板的规章制度，等等。传统经济下主要是管事，通过管事来把人管住。

客户管理方面，传统经济下喊了多少年的合作伙伴，在移动互联条件下，已经具备了基本的沟通协同条件，就看企业怎么去实现了。

销售管理方面，原来只是一套数据存储系统，基本为内勤后台人员所用，现在可真的是销售人员自己的解决业绩问题的工具了。

总之，新经济下的管理可能只有一条，那就是即时互动的沟通，通过人与人之间的沟通，将事情办好，做出业绩。

新范式——用手机经营管理企业

各种在手机上实施的企业经营管理事实证明，上面谈到的业绩问题，其实都可以通过手机来实现企业经营管理的改善与升级。

在经营上，基于人手一机，可在每个人的手机上通过技术手段植入自己的工作细化目标，并且对过程、细节、策略、资源、合作伙伴以及政策支持等进行精准推送与督导帮扶，从而实现个人目标-企业目标对接之外，还能实现目标的有效达成。手机端使每个人成了企业经营管理的"阿米巴"，围绕目标进行目标-执行-策略-能力的一体化运作，实现业绩多快好省地达成。

在营销与销售上，手机端已经具备了良好的营销与销售能力，能够通过移动互联的方式进行无边界、无障碍的营销与销售，能够使消费者与粉丝进行亲密且随时随地的互动，能够较早利用移动互联手段规避竞争，能够削减中间费用，实现企业在微利时代的转型。如与用户一起进行产品的开发、销售人员目标过程的实施、客户资源的利用、渠道的开发、无边界无障碍的推广与链式宣传、网上招商、社群销售等，实现每个节点的业绩突破。

在管理上，基于移动互联的强大沟通功能，能够进行企业即时、有效、便利的沟通与管理，员工也可实现良好的自我管理，后台工作人员与领导干部能实现良好的监督与控制及帮助，部门墙容易打开，产、供、销协同能更友好地实现，原来烦琐的流程现在能够在移动互联上实现更快速的运转与打通，考核与激励能实现即时性、针对性，信息管理能够更快更好地传达与回馈。管理即沟通，将手机的沟通、协同及互动功能做好，管理工作就基本做到了。

在电商方面,移动端的有利开发与应用,有效的无边界链接,红包的吸引,渠道资源的打通,自由业务员的应用,三级分销的实施,异业联盟的利用,事件营销与商机营销,等等,都可实现企业电商的升级与转型。

当然,用手机管理企业,并不一定是将企业完全交于手机。而是要利用移动互联的方式,将经营管理电商的问题进行改善与提升。

第二章 移动互联新零售时代的快消品营销

1. 电商到底能不能提升业绩

电商是未来不可或缺的商业形式。但我们今天要问的是，电商现在到底能不能提升业绩？为什么现在电商基本上都是费力不讨好？特别是在新零售模式下，电商在给企业提供了一条新的销售路径的同时，是否也带来了新的管理、运营等新的问题？

电商让企业操碎了心

电商让企业操碎了心。

以前都说做，找死，不做，等死。其实现在才发现，这句话好像极端地应验到了电商上。无论是做促销找死、做终端找死，还是在大卖场买陈列找死，可能都只是因为方案或管理出了问题，从而投入产出不成比例，得不偿失。而做电商，电商是新系统、新渠道，做的话，产生不了多大的业绩，感觉得不偿失，不做的话，就会落伍。现在谁不在网上买东西？

电商确实颠覆了营销，更可怕的是，消费者也发生了改变！

电商，对于传统企业而言，完全不是原来那片天，原来的传统营销的努力与方式，现在根本和消费者对接不上：

没有店面，用户就难以直接体验，基本凭别人的点评与图片感观。

用户不能见面，就难以直接推销，只能让"产品图片"自己说话，自己推销。

没有情感交互，难以可持续地与消费者建立联系并让其再次购买产品。

未来的电商，不是现在的电商

电商为什么让企业如此痛苦？做电商长此以往下去，企业还怎么活？

企业的困惑是有理由的。上平台做电商你得做好如下准备：需要大量的宣传费用，否则产品排位深不见底，而你还基本上没有其他的办法；自己做独立电商网站，等于企业本身是搞生产的，现在却要在商业上施展自己的能力，这无异于赶鸭子上架；做微商，腾讯始终拒绝或反感微信太商业化，或者干脆封杀三级分销……这几种现行的主流电商方式，确实基本不是企业的强项！

如果我们深入来看，其实，现在的电商源起于PC时代。PC时代，人与人之间的沟通关系还是单向的、封闭的、从上到下的、信息非即时的，甚至有些还是不真实的。

平台式电商其实就是将批发市场搬上了网络。而企业在线下，早就不在批发市场销售，而是找专业经销商帮助分销。所以，平台式电商是倒退的，不是未来的趋势。

自己独立做电商网站，从本质上分析，其实就是自己开店做直销。这也不是企业的长久之计。当然，如果做自己的电商网站，但是由别的人来运营，那就又像传统时代的新开辟一个渠道经销或代理商了。但是，这些代运营公司，又有几个懂企业、商业、产品、营销？他们只不过是代运营网站而已，能力不够且与之不匹配。同样，也不是未来。

难道自己做微商？可是那又被微信封杀了啊！我们首先了解微信为什么要封杀微商和三级分销？这是因为微信提出：链接一切。微商是在朋友之间做生意，三级分销只是赚取下线的钱，而不是从产品经营本身上赚取合理收益。这两者都违背了商业本质。应该说，如果能够不违背商业本质，而产品又能通过链接一切分销到熟人之外的消费者，腾讯是会支持的。

综合上面来看，现在的主流电商业态都不是未来电商的应有方式。

未来电商，前程光明道路曲折

电商，企业将来还是要做的。只是现在的电商，"养肥"了那些开网上批发市场的、做电商代运营的，企业根本无钱可赚。当然，业绩也只是零星增长。

这样看来，我们应为未来的电商提前做好准备。

未来的电商是什么样的呢？

一定是社交电商。

什么是社交电商？社交电商，是指基于移动互联的最强大功能——社交互动，将渠道、终端、消费者、其他企业，进行基于社交的营销、销售。实现无边界的、裂变式的、合作共赢的电商！

只是，社交电商也有其经营规律，你必须懂，或者从现在开始就来摸索、尝试与探讨社交电商的本质与规律。由于这是人类有史以来没有过的新生事物，尚无标准答案或参考经验，我们要想突破、颠覆，要想领先与取得优先红利，就必须现在行动起来！

同时，由于移动互联的碎片化、散点性，你可能需要多种测试，各种条件满足，等等，这个过程可能是持久的、曲折的，甚至是痛苦的。但前景却是光明的！

2. 食品、饮料、酒类的电商未来在哪里

移动互联浪潮几乎波及了所有行业，我们同样可以看到，很多行业的电商做得风生水起，让人羡慕。可是，作为日常消费的食品、饮料、酒类（主要指啤酒），却好像与电商因缘有限，不但电商业绩不足，企业对自己的电商未来也感到迷茫。

排名作证，热销电商中缺少食品、饮料、酒类

据阿里巴巴发布的 2015 年 B2B 电商报告，虽然全是发展迅猛之词，销量增长之势，但是却与食品、饮料、酒类基本不相关，如表 2-1 所示，在前十大热销品类中，只有调味香料类产品能排到第八名。

中国调味品协会领导谈到，有些调味香料的 B2B 电商，不像食品、饮料、酒类的 B2B 电商，普遍不赚钱并且在持续不断地烧钱，而是通过不到两年的操作，市场格局就基本形成、运营也基本稳定，并且已经开始赚钱了！

表2-1 消费品细分行业热销品类

消费品细分行业热销品类	
1. 饰品、配件	6. 移动电源
2. 围巾、丝巾、披肩	7. 笔记本、记事本
3. 手链	8. 调味香料
4. 陶瓷工艺品	9. 鞋辅件
5. 钥匙、配饰	10. 手机充电器

而电商 B2C，我们同样可以从淘宝网、1 号店来看。首先，大家在淘宝网看到的前十大热销品类是服饰、数码家电、化妆品、母婴等产品（见图2-1）。即使是食品类，也只有两三个板块，即休闲零食、冲饮品、茶叶饮品等几个板块销量尚可。绝大部分食品、饮料、酒类企业的产品好像与电商存在较大的距离。

图2-1 淘宝上的热销品排行榜

1 号店本是一个网上超市，以销售快速消费品为主的电商平台，却将进口食品、生鲜等当作第一主打品牌。跟我们进入实体超市，扑面而来的就是日常食品、饮料、酒类有明显差别。从此也可看出食品、饮料、酒类在 1 号店的战略地位了。而这种战略地位除利润等因素之外，是否也是因为食品、饮料、酒类的贡献并不理想呢？

食品、饮料、酒类的行业特点

食品、饮料、酒类是快速消费品行业的主体板块，具有如下特点：

（1）便利性。消费者可以习惯性地就近购买。其中以小卖部、超市等最为普遍。

（2）视觉化产品。消费者在购买时很容易受到卖场气氛的影响，属于冲动性消费。

（3）品牌。由于消费品同类产品繁多，而作为包装型消费品，需要一定的生产量及消费量，所以，企业需要树立形象，建立品牌，使消费者持续多频与忠诚购买。

以上这些特点决定了消费者对快速消费品的购买习惯是：简单、迅速、冲动、感性。

根据以上特点，也就可基本推断食品、饮料、酒类的销售特点：

（1）商流。即企业需要大量销售人员与促销人员，进行近场销售与促销，实现消费者消费的良好气氛，从而激发冲动。

（2）生动化服务。实现良好的购买氛围，以及竞争区隔。

（3）渠道分销与服务。实现产品无障碍送达消费者面前，便于消费者选购。快速消费品，特别像有些啤酒、饮料、牛奶等，它们的保质期只有一周、十天、半个月，有些还需要冷藏保质，有些还需要空瓶回收，这些都需要线下渠道商分销与服务。

（4）品牌打造。品牌是一种资产，品牌是有价值的。快速消费品如果没有品牌，就只能拼价格、打价格战，而快速消费品往往又是低值的，没有品牌打造，快速消费品企业基本做不大、做不长。

（5）物流。有些饮料、酒类是需要即时送货的。

（6）资金流。由于快速消费品的终端多是小卖部与小馆排档，这些都是小本生意，资金并不充裕，所以，很多都有账期需求。

现在电商能满足要求吗

基本上来看，像食品、饮料、酒类这些快消品还是可以做电商的。一方面是电商本身具有的特性可以满足，另一方面，很多电商已经在着力解决一些针对性的问题，比如：

（1）冷库、冷藏、冷链运输。

（2）即时冲动性购买，已经基本可用预售实现。

（3）很多人具有网络购物的冲动。

（4）只要有手机，就可实现到每个终端店与每个消费者的服务。

（5）资金方面，电商能实现互联网交易。

一些比较难解决的问题是：

（1）品牌打造：电商难有品牌打造的能力。

（2）物流：物流是最后一公里，这仍是线下的事情。由于消费多频且小量，这对电商的送货是个考验。

（3）价格冲击与窜货：食品、饮料、酒类这些快消品基本是分区而治的，而电商是无边界的，这会对企业原有的销售体系与管理体系产生很大影响。

这些比较难解决的问题，恰恰是比较重要甚至是致命的问题。这可能也是企业不愿意自己做电商，以及电商也有自己的苦衷从而主推其他产品的原因。

专业的 B2B 电商能解决问题吗

从前文来看，食品、饮料、酒类这些快消品做 C 端电商，还很难在现阶段有爆发期，因为不少方面并不是移动互联能解决的。那么，B2B 电商能够解决问题吗？

专业 B2B 电商也是有困难需要解决的，否则很多 B2B 电商自身要想长期发展下去，现实中也存有疑问：

（1）盈利模式并不理想：只有靠价差，而价差能保持得住吗？为抢市场，补贴的方法肯定不可取！这些补贴要么从企业来，要么从资本方来。

（2）物流：如果外包给其他物流公司，自己的利润就没有了；如果自己做物流，投入成本巨大不说，物流运营管理也是一个严峻的挑战。

（3）资金流：有一定的获利空间。但区域性、分布式的狭窄，使获利空间有限。而本身专业 B2B 电商大都从传统经销商演变而来，资金并不充裕。

（4）信息流：大数据有一定的分析盈利空间的能力，但也是微乎其微。而现在绝大部分 B2B 电商不具备数据分析研究决策能力。几个大的 B2B 电商的数据基本上现在只能搁置在那里，难以真正发挥作用。

（5）管理能力：从现在 B2B 的不断倒闭、经营出现困境以及经营反复等情况来看，B2B 电商还属于草根创业，还存在很多的不确定性与储备问题，难以真正依附与深度合作。

所以，从前期的投入来看，企业有点得不偿失。经销商也很难进行专业化运作。如果 B2B 电商真正有如此高要求的专业化运作能力，那么，中间商可能就没必要将厂家的一些功能与投入揽过来，与其这样，不如将产品的价差与市场服务能力做好，那才是未来。

食品、饮料、酒类电商的未来

现在正在运行的主体电商平台或模式，普遍是由 PC 电商形成的。说白了，就是将商业从线下搬到了线上。而食品、饮料、酒类的电商，在线下的商业已经很发达，如果线上只是将原来线下的方式搬到线上去，那么只能期待以新的电商方式来实现。

移动互联发展已经五六年了，很多基础条件与运作已经成形。综合分析，食品、饮料、酒类电商的未来，应该就是社交电商！

为什么是社交电商呢？

（1）基于区域性，能实现分布式的良好运营与管理，在窜货问题、物流、订单、信息交互、业务运营、客户管理、区域管理、市场操作、政策处理等问题上，比传统时代有较大改善。

（2）基于社群与社区，由于互动沟通，易于打造品牌。

（3）社交电商并没增加多少投入，只是适应了移动互联的特征，增强了产品与目标群体的互动与黏性。并且在区域内或局部内，可以实现整体供应链的沟通与合作。

（4）社交电商更注重从社交中产生价值。而电商平台、自建电商等，都只能产生有限的价值，或不能产生价值。

食品、饮料、酒类快消品行业的社交电商，在近两三年应会有企业不断地出来探索、应用。我们相信，在不久的将来，社交电商定能取得良好的突破！

3. 为什么电商价格可能会越来越贵

不少消费者都有这么一种共识：无论你摆多少事实，电商的价格肯定会比线下便宜！因为省掉了中间商的利润与运营费用，省掉了各种损耗！

可是，我们今天要讨论的是，将来电商的价格会越来越贵，甚至很多会超过线下！

"去中间化"是个伪命题

无论是企业家谈产品的电商发展，如张瑞敏说海尔、蔡明说博洛尼，还是其他各行各业的移动互联网改造，都必提"去中间化"。

还有一些专家表示：信息技术将加速行业"去中间化"。而互联网加速向传统行业渗透，将直接使传统行业去中间化，得到互联网改造。如赛迪顾问副总裁孙会峰判断，跨界融合，在未来三到五年时间内会持续地发展下去。由于信息技术的渗透，很多行业将"去中间化"，加速向产业链条的两端延伸。

"去中间化"提出来已经有些年了。让我们静下心来思考：真的是"去中间化"吗？那么，中间由谁牵线搭桥？仅仅是网络？我们继续来追问：

（1）网络如果能承担商流，将来不需要业务员了吗？完全不需要中间商了吗？那么，业务谁来做？中间还需要的一线服务谁来做？

（2）网络能承担物流吗？这个明显不可能。这也是网络时代物流配送行业极其发达的原因。

（3）网络能承担资金流吗？网络可能承担部分职能，但是赊账、抵押、承兑等 B2B 必须存在的资金形式是网络取代不了的。

（4）网络能承担信息流吗？应该说，容纳上下游的信息系统是可以的，毕竟移动互联首先解决的就是信息沟通问题，以及提供了信息系统升级应用的可能。信息时代的到来，使很多企业放大了信息系统而忽略了人工服务的支持。信息失真造假已经成了很多企业甚至是巨头企业的顽疾。

（5）网络能承担企业的各种运营与管理吗？这也是很难的。网络能作为一种工具，配合人员组织与流程，使运营与管理更优化有效。例如 OA 中的打卡签到发文、各种审批、订单汇总与打印、员工外勤记录、客户基本管理等都是可以利用网络与软件来实现的（这就是现在流行的 SAAS），但最终的目标计划实现、过程督导帮扶、过程协调等，都是需要人员来完成的（就像很多企业所说的，我们还需要招专门的助理来配合）。

所以，移动互联是无法承担被去掉的中间环节的，它只是去掉了原来的一些组成部分，网络或其他因素又来到中间了！中间化，只是原来的打散了，现在又重构了！

所以，别说"去中间化"使得各种中间成本、费用、利益被削减了，而是中间换成了网络，而中间网络又是多出来的一个层级！

这个层级，比原来的中间商更难合作、更难运营、更难管理！价格更难控制、费用更难预算、促销更难预测效果、推广宣传更能预测！

为什么？因为网络或者是平台，将中间抬起来了；或者网络是代运营，它跟你已经不是合作关系、经销关系，而是买卖关系。这些关系，都需要企业付出更多，而又难以得到更多收获。

"去中间化"其实就是将自己的渠道、运营、促销、价格等主动权交给了网络或第三方。

所以，将来电商的价格怎么可能不会更贵呢！

"去中心化"使中间费用越来越高

企业运营，移动互联的去"中心化"，又是一个需要重点探讨的话题。

移动互联时代，"去中心化"确实使企业省掉一些与市场接触产生的花费。但是，开放式是企业所期待的吗？平等性是企业所期待的吗？都不是，这种非线性的因果关系，反而使企业的运营费用更高！

我们来列举一些"去中心化"所带来的影响：

（1）商业运营，原来企业是绝对的中心（因为是金字塔型，企业在金字塔尖上），现在移动互联的各个节点，无情地将企业的中心剥夺，将渠道结构打散。所以，企业原来的各种中心化运营管理可能全部得重构。由于"去中心化"，无形中给企业增加了很多成本。

（2）企业的科层式组织被打散，经销商被"去中心化"，各种B2B平台来抢占企业的地盘。企业要么被"去中心化"，要么将来由于B2B平台搭建商流、物流、信息流以及资金流，原来以企业为中心的渠道运营，甚至有可能被B2B平台抢走。

（3）品牌打造与宣传形式，已经明显去中心化了。目标用户需要企业与他们平起平坐，而不是单向封闭、从上到下的中心化传达。而目标用户明显是去中心化的、散乱的，这给企业增加了不少成本。

（4）由于移动互联的时空无界限，使得企业的即时反应能力、服务能力、即时管理能力与信息系统的投入等都需要加强，这些无疑增加了企业的费用。

以上这些，都迫使企业为多中心、开放、平等埋单！

将来的电商价格，一定得有正常利润

原来的价格可能只是反映成本、费用以及竞争，并且大部分都是可预测的。如原来的竞争，增加1%的费用，就基本会有效果，人员、管理费用等都能看到数据，从而进行决策。可是，移动互联时代，很多都是无底洞，平台及数据难以掌握在自己手里，渠道成员也在这时失去了稳定性。这些不确定性，使产品的价格必然承载更多的成本费用。价格自然会越来越贵，这使得线上价格超过线下价格有了可能。

当然，随着移动互联的变革越来越成熟，一些成本、费用可能也会趋向平衡，企业的前置性投入基本完成，将来的电商运营也将会越来越趋向价格理性。但毫无疑问的是，价格不可能像最早的电商时代，大家都在宣称因为跨过了中间层级，从而价格是最低的。将来的电商产品价格，将会实现线上和线下同价的局面！

4. 你可能进了一个"假社群"

社群好火，但社群一直是虚火。真正能做成社群经济的，几乎没有！即使有一些现在看上去还没失败，那也是在痛苦地摸索着！

为什么呢？

社群的痛苦现状

应该说，靠社群来实现商业可能，这本身是没错的，这就是未来。因为原来是物以类聚，现在是人以群分了嘛！

可是，拉了那么多微信群，做了那么多线上分享，搞了那么多线下互动，微信群看上去也是人满为患，红包发了一大堆，规矩定了一大堆，文章转发了又转发，当时挺热闹，可是一到商业，一到营销，社群就走不动了，就呆了，就死寂了。你的社群经济想法好像最终就是个假想法！而社群成员好像也进了个假社群，最终还是各行其是，互不相干！

所以，现在的社群好像只能做到地域社群、兴趣社群、专业社群、行业社群等。除了有些信息有所共享，对部分人有用外，那种人人参与、人人获得利益的社群经济好像很难搞起来。

也就是说，社群，要变成社群经济，中间环节好像还没弄通顺，很多人还没完全弄明白。

你要的，可能不是现在这样的社群

笔者通过对微信的研究，发现一个不可思议的结果：你要做社群经济，朋友圈、微信群可能真不适合！

也就是说，社群经济的社群，是新的概念社群。

在这个新的社群里：

（1）有组织性。没有组织性的社群是难以形成社群经济的。并且这种有组织性的社群，可能不只是现在的微信群、各种贴吧等里面的靠所谓群规、组织条例所决定的，而可能直接受组织的结构化的约束。即各种角色、职能、标签等，用软件的组织结构化关系就固定了（当然也可进行角色、职能、标签、关系调整）。这类似于企业或组织的运作。我们知道，企业或组织，这样的正式运营组织，是工作与合作的最正确方式。

（2）管理员或者管理委员会真的存在。只不过不是像现在给你任命一个，而是在其职责范围内，能直接用管理工具操作的。这类似于现实中管理部门的场景。

（3）社群人员交流的固化性。即针对某个主题、某项合作、某个推广、某个营销等，管理员可随时组团，进行独立沟通与实施。这就与现实中的，看到谁合适做这个或者谁与谁可能合作能碰出火花给出效果一样，约他们在网上一起共事。

（4）收费或不收费，这都可行。但如果不发言、不行动，就可能真的出场。只是，基于社群人员的特征，线上是 id（身份标识号码），线下是真人，很多人 id 可能是假身份，他们其实是在社群中以假乱真。而后台信息又是真实的，由极少数管理员掌握。也就是说，社群，是要形成社群经济的，有一个共同的愿景与目标。所以，不太可能凑人数，也不可能让里面待着懒人闲人。

（5）不加好友就能交流。但交流后，如不适合合作，又能灵活退出。这使社群满足了不见面合作或商业化所带来的私密要求。

（6）扩展性。社群不是大佬俱乐部，社群要商业化，还要能在上述所说的几点建设下，能形成波纹式外延扩张能力，这样，就能使社群发展壮大，而又不脱离社群的愿景、使命、价值观与目标。

社群经济建设，到底要不要走到线下

个人认为，如果线上建制如现实中一样获取了固化企业或组织的一些要素，是不必到线下的。但是，如果能线上线下结合，发挥线下的优势也是一种不错的选择。

只是，在移动互联时代，如果我们做社群经济，还像现在普遍做的社群一样，那么是难以实现真正可持续又有赢利模式的社群经济的。

第三章 与渠道共赢

1. 无论新旧零售，以价值为导向的渠道管理

很多人虽然熟悉渠道价值链这个词，但理解大都停留在表面上。不然，为什么很多人现在还在疑惑：为什么窜货问题一直找不到有效的解决办法？不知从何处着手，是要提升经销商的整体水平吗？为什么换掉经销商的理由只能是"不听话"（经销商本来就是单独的经济实体，为什么要完全听企业的话）？

张经理在快消品行业摸爬滚打了近十年，在给一些企业的中高层管理者做销售管理培训时，讲到价格体系。所有的学员都认为，价格体系应该是一个递增的柱状图，各级渠道成员能将产品涨价，于是，从企业到消费者，产品价格越来越高（如图 3-1、图 3-2 所示）。

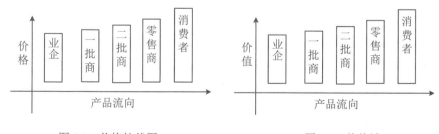

图 3-1　价格柱状图　　　　　　　图 3-2　价值链

但在现实中，这个结论基本上是不成立的。消费者买到产品的价格有时比企业的定价还要低，零售商的进货价格可能比二级批发商的定价低。某知名功能饮料产品，每箱产品的零售价就比出厂价低十几元，很多企业都存在价格"倒挂"的问题。

事实上，图 3-1 中的价格只有替换为价值才能成为正确的分析图，也就是图 3-2 的价值链。外在的价格表现可能是杂乱无章的，但内在的是有序的、合理的价值链体系。价值链体系不但使价格体系向价值链体系靠拢，而且影响企业对渠道的管理。

由于不了解价值链，也不知道价值链与渠道运作、渠道管理的关系，很多人对渠道的认识一直模糊不清。从价值链的角度看，下面这些常见的问题就很容易解释了。

问题一

企业采用直销模式或者经销商分销模式，仅仅是因为费用有区别吗？有管理的优势、劣势，有产品或品牌展示的区别吗？

企业采用直销模式主要是想自己完成整个产品的价值实现过程。企业认为，自己能为消费者创造更多的价值，包括品牌价值、服务价值等。同时，企业也能从终端或消费者那里获得更多的回馈价值（如信息、需求等）。

经销商分销模式也能通过经销商的资源（如运输、地理、仓库、配送等），使产品实现增值。如果企业自己不能让产品增值，就会让经销商分销产品；如果经销商分销产品达不到企业让价值增值的要求，企业就有可能不考虑费用，自己直接去做直销了。

当然，还有一些企业既采用直销模式又采用分销模式，这也是为了在不同情况下利用不同的渠道运作模式,实现产品的价值增值。

问题二

有些大型企业(如健力宝、旭日升)的渠道体系比较健全,甚至有遍布全国的渠道网络,但为什么会一夜之间衰落呢?

很多大型企业的渠道体系突然崩盘,通常被认为是渠道没有根据市场的发展趋势做出调整、没有细化运作渠道。其实,主要的原因是企业没将渠道当作一条完整的价值链运作,只考虑了经销商一个节点,以为这个节点能代表整条价值链,没考虑到产品只有在消费者花钱购买后才能产生价值。价值没有真正传递给消费者,是这类企业失败的根本原因。

问题三

如何考核业务员的业绩?

很多本土企业将订单量作为业务员的唯一考核指标,业务员为了完成业绩、为了实现目标,产生了压货而不是销售的方法。很多大型企业完全可以用经销商或终端的出货量考核业务员的销售业绩。例如,一些啤酒企业利用行业独有的空瓶回收程序,将空瓶数量作为业务员的业绩考核指标,将业务员业绩考核与产品实现的价值全面挂钩。

问题四

为什么经销商处境艰难?仅仅是因为超级终端的胁迫吗?

在当前的环境下,"低进高出"的大流通能力导致产品价值不高,而传统经销商在管理能力、物流水平、服务水平、产品购买是否便利等方面让产品在增值的能力上没有优势；和一些现代新兴渠道或超级终端渠道相比，经销商的渠道价值链更长，更容易让零售终端"钻空子"，被零售终端毫不费力地甩到一边。

很多经销商喜欢窜货、砸价，这与价值链理论背道而驰，这样做不仅不会使产品增值，还会使产品贬值，因此，经销商无法持续盈利。

很多经销商向上游或者下游渗透，但成功者寥寥无几，因为这样做虽然能缩短价值链，但是如果没有提高相应的能力，产品价值并不能得到有效提升，消费者就不认可。

问题五

渠道层级是否越短越好？扁平化运作是渠道改革的唯一出路吗？

其实，不管渠道有多少层级，只要能让产品尽快地、更好地实现价值，渠道层级就无所谓长短。

例如，很多采用过深度分销模式的企业现在都在转型，改用以前的经销商为主、企业协助操作的模式，这些企业的渠道层级经历了由少变多，又由多变少的过程。采用深度分销模式后又成功转型到分销协作的企业，即使撤销了深度分销队伍，只要产品价值没有因为企业撤销深度分销队伍而减少，只要能让消费者感受到企业投入的、放大的价值，渠道改革就是成功的。

其实，无论是企业、经销商，还是现代渠道的零售商，都越来越会"算账"了。但是，他们都是站在自己的立场上"算账"的。如果能全盘考虑整条渠道（包括消费者），进行有理、有利、有节的"算账"，同时，考虑的不是单纯的表面现象——价格，而是内在的规律——由一个个价值增值单元形成的价值链，那么企业的渠道运作、渠道管理就能正常了。

2. 设计合理的渠道价格体系

企业在规划渠道结构时,最先想到的是有哪些渠道成员,应该将渠道成员分成几级,从零级(企业直销)到四级(企业、经销商、二级批发商、三级批发商、终端商)不等。由于每级渠道成员的销售功能都有一定的差异,所以,企业有必要有针对性地设计合理的价格体系。

很多企业在设计渠道价格体系之初,并没有设计产品价格体系,或者不知如何设计渠道价格体系,或者产品价格体系设计得不合理。即使企业发现渠道价格体系有问题,也不知道如何调整价格体系,甚至害怕调整价格体系会触怒渠道成员。

企业在设计渠道价格体系时应该注意哪些要点呢?

要点一

认同价值链原理,也就是说,各个环节不是独立的,而是与上下游各环节紧密联系在一起的。

对渠道的正确理解应该是，企业通过各级渠道成员建立一条面向消费者的价值链，渠道成员是影响价值链的重要因素。

企业如果只关注一级批发商，不管下游的二级、三级批发商及终端商，对企业来说，这就是价值链没有完全建立起来的表现。对一级批发商来说，价值链只到他们这一层级会给他们带来很大压力。因为一级批发商要将价值链其他部分连接起来，服务好下线客户和终端。否则，就会出现二级、三级批发商被排除在价值链之外，二级、三级批发商打乱了价格体系，最终导致产品崩盘的出现。价值链不健全会阻碍价差体系的建立。

所以，很多只运作一级批发商这一层级渠道，不顾及二级、三级批发商渠道的企业，在制定价格体系时会遇到很多困难。如果一级批发商开发下线客户的意愿不强，他们就会找企业要更多的渠道开发或促销资源，企业任意给予资源或者政策利益分配不均，都会让合理的价差体系难以维持下去。

健力宝公司就是因为渠道运作只涉及一级批发商这一层级，而有些一级批发商又不想将这条价值链的其他部分连接起来，只想找公司要政策，从而导致同一个区域市场中的相同产品价格不同，同样的二级、三级批发商或终端的产品价格不同，最终互相压价，以至市场崩盘。

要点二

渠道划分尽量平衡，所有一级批发商（无论大小）都要一碗水端平，如果经销商差距太大，就分级。

可口可乐公司要实现"无处不在"的目标，不可能100%靠直销产品，渠道是其实现目标的重要手段。因此，可口可乐公司的经销商非常多，月销量从一千箱到几十万箱产品的经销商都有，大经销商的要求肯定与小经销商的要求不同，那么可口可乐公司是如何管理经销商的呢？

可口可乐公司让所有经销商在一年365天中，不会感觉到自己与其他经销商有差别，即公司不会承诺给某个经销商更好的条件。如果不这样做，每个经销商由于销量贡献不同，公司给予其不同的政策，就等同于存在多级，甚至无数级经销商，不可能有价格体系可言！

有的企业认为，这么做非常难，因为批发商的水平和实力千差万别，对企业产品的销量贡献有大有小，一碗水端平的做法不可取，也不公平。因为批发商认为"多劳多得，少劳少得"，但在现实中，这种做法很难执行下去。一些大批发商因为没有比较优势而有可能放弃经销产品，这就需要企业在选择批发商时考虑所选的批发商的实力差距不能太悬殊，实力强的批发商最好与实力弱的批发商实行分级管理，或者企业实行总经销制，由大批发商与企业共同管理实力弱的批发商。

三得利啤酒公司在上海发展得很好，这得益于其最初选择实力基本相同的经销商，并一视同仁地执行政策。现在，三得利公司的渠道做得很细，而且价格体系也非常合理。

要点三

寻找能使产品增值或能提供增值服务的批发商建立渠道体系。

要形成合理的价格体系，靠什么支持价差体系呢？当然是批发商，他们是建立价差体系的物质基础，只有依靠他们，企业才能通过一定的渠道管理和服务辅助经销商提高价值。这就要求企业在选择批发商时，选择能使产品增值或能提供增值服务的批发商。

我们发现，那些一心只想窜货的批发商，那些漫无目的地压价的批发商，那些不想为下线客户提供服务的批发商，那些只想找上游企业要资源的批发商……他们都不能使产品增值，他们都是企业建立价格体系的障碍。

即便一些批发商能将产品辐射到更多的区域市场，让更多的消费者接受产品，但若他们使产品增值的程度远低于破坏或降低产品价值的程度，那么，他们不是建立合理的价差体系应有的渠道成员。现在，很多企业在这一点上犹豫不决。一些批发商其分货能力虽强，但并不能使产品在流通过程中体现更多的价值，反而在破坏产品的价值，如窜货、压价、不断地搅乱市场等。所以，现在不少企业不再寻找这种"艺高人胆大"的批发商，而是开始扶持规模不大、认同企业理念、服务到位的小批发商，他们通过自己的渠道使产品比竞争产品有更高的价值，也使下线客户和消费者更加认同企业和企业的产品。

要点四

依据企业的实际情况，找到不同渠道之间的平衡点。

如果企业有很多渠道，那么，在设计价差体系之前，就要摸清渠道之间的关系，找到价差平衡点。如同一款产品，在 A 渠道确定价格后，B 渠道的价格应该在这个价格的基础上加 1%，C 渠道又应该在这个价格基础上再减 1 元，这样就不至于窜货到其他渠道。找到这几个平衡点，渠道之间的价差体系就容易设计了。

某企业要求某一区域市场内的批发商只负责批发产品，不能向超市供货，企业自己向超市直销。但该企业没有找到两个渠道之间的价格平衡点，结果批发商的货很快进入超市，价格还比企业自供产品的价格低很多，这就导致该企业不得不停止向超市供货，同时还遭到了超市的质疑。

要点五

批发商配送值多少钱？服务值多少钱？

一些企业懂得计算，这非常好，把计算结果作为价差体系中的价差，就能很好地解决价差体系设计中遇到的问题。假如企业不会计算，该怎么办？

可以找参照物，可以找同行业的标杆企业，模仿标杆企业的价差体系。但这并不是企业最终的价差体系，企业还要根据自己的实际情况调整与标杆企业的差距；如果业务管理能力不如标杆企业，就应该在标杆企业的价差基础上再乘以一个系数；如果业务管理能力与标杆企业相差太大，价差就翻一倍；如果产品月销量与标杆企业的产品月销量相比差距很大，就需要在现有的价格体系上再给批发商更高的折扣……如果批发商认为你的产品总体上划算，他甚至可以只销售你的产品，而将标杆企业的产品抛在一边。

很多企业在制定产品出厂价格或者消费者的消费价格时参考标杆企业的价格，但并没发现，在制定整体价格体系时，也可以参照此法。企业如果能掌握用数据与标杆企业做对比分析问题的方法，那么就可以解决很多渠道管理难题。

要点六

不要把市场推广费用算在价差体系或给批发商的支持费用里，这部分费用应该独立核算。

很多企业的价差体系为什么不合理？是因为他们让批发商承担了太多的市场推广费用，而这部分费用很难规划，导致批发商有可能完全舍弃价差体系，只专注于获取企业的市场推广费用，进而破坏价差体系。

在很多企业，销售人员为了省事，与批发商在合同中约定，将市场推广费用作为对批发商的奖励措施。例如，月销量达到多少，市场推广费用就增加多少个百分点等。批发商做得越大，就越有可能将更多的费用用于削减下线客户的接货价格，从而导致产品价格越来越低，价格体系失衡。

要点七

如果有可能，可以完全舍弃价差体系，每级渠道实现平价销售，批发商最终获取配送费用或服务费用等单项奖励。

这是最合理的，也是未来取得主导地位的价差体系制定方法。为什么这种方法如此受欢迎呢？它的理论基础是，渠道成员使产品增值，回报就是因增值而带来的收益，并将这种收益明晰化、区别化，既体现了渠道成员真正的价值，又便于各级渠道成员明确自己的功能，加快转型，从而使渠道规范化、合理化。

在快消品行业，很多大型企业已经采取这种价差体系设计方式了。如饮料行业的终端陈列费用、牛奶行业的配送费用、啤酒行业的运输费用等，各级批发商平价给下线客户供货，通过增值服务获得奖励费用。

要点八

价格体系要随促销活动的开展做出相应的调整。

很多企业都会在销售产品过程中制定促销政策，不少促销政策是针对个别渠道的，很少考虑其他渠道是否会受促销政策的影响。所以，渠道的价格体系因促销活动而做出调整时，一定要注意同期适当调整其他渠道的价格体系。否则，将会使其他渠道受到极大的影响，甚至导致整个价格体系崩盘。

总之，当我们认同渠道是一条价值链，价值链上每个环节都能使产品体现价值、能使产品增值时，我们就能合理地设计渠道价差体系了，从而使渠道发挥应有的作用。

3. 市场规范与批发商专销不矛盾

我们一直在讨论企业的市场问题与渠道发展问题,却很少讨论批发商自身的发展问题,即使是不断发展壮大的超市系统已经在挤占传统批发商的生存空间了,也没有人能提出有效的解决办法。很多人站在企业的角度寻找解决办法,很少从批发商的角度或者是企业与批发商共同发展的角度寻找解决办法。

同时研究企业的市场规范与批发商的未来发展方向,是否会有新的思路和好的解决办法呢?

现在,有的企业采取总经销制,有的企业开始为二级批发商服务,有的企业直接做终端,有的企业通过深度分销模式向整个渠道成员提供服务……这些都是企业站在自己的"一亩三分地"角度考虑的。批发商在企业的这种持续不断、反反复复的"改革"中身不由己,处于被动的整治状态。可以看出,批发商虽然是企业的渠道成员,但游离于企业战略发展核心之外,被企业当成工具。另外,批发商在激烈的竞争环境中,也没有产品经营的合理规划。

一些行业集约性发展趋势加强，并逐渐规范化，是否可以独辟蹊径，走出一条能带动整个行业可持续发展的市场规范化管理之路呢？有强烈进取精神的批发商，是否可以积极地思考自己未来发展的最佳方案，或者与企业共同探讨未来的生存权和发展权？

食品行业的肯德基与麦当劳，通过特许加盟成就了自己与对手相互区隔的渠道，彼此合理竞争而又不互损利益，实现共同发展的目标。

饮料行业中的许多企业，如可口可乐与百事可乐、娃哈哈与乐百氏、统一与康师傅等，曾经或正在实施区域专销计划。因为饮料行业的进入门槛不高，经营者众多，这样做可以使它们不会互相压价，保障了批发商的利益。

有人会问："渠道是共用的，你凭什么据为己有？这不是垄断吗？你是行业领导者，就能仗势欺人吗？"

还有人会问："批发商最大的优势在于可以集结多家企业的产品，方便下线客户配货，满足消费者不同的需求。但是，专销不就是要批发商放弃他们最大的生存优势吗？他们以后靠什么生存？"

其实，这里说的专销，并不是要将市场上的批发商一网打尽，而是选择企业的优良的批发渠道资源，规范管理，提供培训，形成统一的产品经销体系，达到专业的销售和服务水平，从而使批发商有忧患意识，全面提高自己的渠道经营水平。

让批发商不经营竞争对手的产品，并不是说不能经营其他类型的产品，而是使产品系列更加合理，以便获得更多的产品线管理利益。我们经常看到，批发商经营产品混乱、库存管理不完善、财务账目不清、没有销售体系，或者因为批发商经营的产品太多了，出现资金运转不良、过期产品增多、破损产品增多、与企业对账不清的现象。处于一线市场的批发商也在思考这些问题，也在试图寻找办法克服这方面的短板。

毫无疑问，未来批发商的可持续发展能力不在于经营多少产品，不在于有多少企业的经销权，而在于自己管理生意的水平。

随着微利时代的来临，产品同质化现象日趋严重，企业不得不将一些资源重点投放到渠道上。例如，在啤酒行业，很多企业将近70%的销售费用都用于渠道促销，由于渠道内耗、相互砸价和区域窜货，这些资源被白白消耗掉了，并没有给批发商带来利益。所以，未来的快消品行业，良好的市场环境可能比产品、价格、促销策略更重要。

对啤酒行业的批发商来说，啤酒是流通最快的快消品之一，批发商的主要工作是配送，尽快地将最新鲜的产品送到消费者面前。对他们来说，多经营几个品牌就会占用更多的装瓶箱，一则占用了更多的资金，二则容易导致管理混乱，三则缺乏主要经营品牌，每家企业的产品都做不大，无法形成自己的核心竞争力，极易被其他批发商打垮。在这种情况下，越来越多的批发商有了只做一家企业品牌，将其做好、做大，将企业的优势转变为自己的经营优势的愿望和想法，因此，区域批发商专营合作方式应运而生。

啤酒企业通过批发商专销管理，将自己的管理经验传递给批发商。通过将自己的市场决策方法、执行标准、业务拜访、生动化陈列、仓储管理、财务管理、价格监控、促销手段、品牌营造等能力完全传授给专销批发商，让专销批发商迅速成长；通过培养专销批发商，打造真正的有较高管理能力和操作水平的大批发商；通过培育市场，给专销批发商一个有区隔的、没有竞争对手干扰的良好环境；通过信息互补、优化资源，和企业成为真正的合作伙伴。总之，通过紧密的合作，离消费者的需求更近一步，服务周到、细致，从而使企业与专销批发商取得利益。

在蓝带啤酒公司的全国性经销体系里，即使是消费旺季，仍有近半数的批发商专销蓝带啤酒。这些批发商并非只能销售蓝带一种啤酒品牌，而是由于销售蓝带啤酒有一定的利润，很多批发商自愿放弃销售其他产品，或者有的批发商干脆成立专门经营蓝带啤酒的公司。因此，蓝带啤酒公司全国范围内的产品专销取得了年销售额十几亿元的业绩。

蓝带啤酒公司的批发商与公司共同分析生存形势，对自己的市场有合理的预期，并能很好地把握自己的资金投入力度，从而可以更好地利用投资。同时，他们在企业统一的销售体系培训下，提高了自己的销售能力和市场管理能力，增强了自己的专业经营能力。蓝带啤酒作为全国性流通品牌，流通性非常强，区域窜货、批发商相互压价的事情很少发生。

国内有很多地方的啤酒领导品牌由于市场占有率高，也纷纷采取了专销方式。这种方式虽然有利用地方优势垄断市场的不正当竞争之嫌，但只要不是完全占用市场渠道资源，不是完全封锁或剥夺竞争对手的渠道成员，不是无理地干预竞争对手的市场活动，就会给其他啤酒企业的渠道规划、渠道成员管理、企业可持续发展带来有益的启示。

我们相信，在不久的将来，专销是企业与批发商努力探索并积极尝试的销售方式之一。

4. 经销商要管理好企业零售代表

中国消费者喜欢在自己生活或工作的地点附近的零售终端消费，因此，企业必须招聘较多的零售代表为零售终端服务。

服务零售终端的销售模式虽然好，但企业实施起来有苦难言。这些零售代表其实并不好管理，除了有督导监控他们的工作、企业用一些管理工具限制和考核他们的工作外，企业并不能完全掌控他们的工作。于是，企业又将零售代表派驻到这些区域市场的经销商处，由企业和经销商联合管理零售代表。

快消品品类众多，经销商一般经营很多类产品。这样，经销商处就出现各企业零售代表扎堆儿的现象。零售代表的服务对象众多，为节约时间，他们通常采用不用到企业报到、只需早晚到经销商处报到的考勤制度。这样，零售代表的日常工作实际上脱离了企业的管理。

那么，经销商该如何有效管理这些企业的零售代表呢？

北京地区某饮料经销商利用独创的"看板管理"方法，将不同企业的零售代表管理得很好，并取得了不错的销售业绩。如表 3-1 所示，A、B、C、

D 代表四家企业，a、b、c、d 代表四家企业的零售代表。经销商选择订单数、客户数和销量作为每个零售代表每天的考核关键指标，按每天不同的工作重点设置当天权重数，再排出各零售代表的当天业绩排名。

表 3-1 "看板管理"业绩表

日期：

企 业	A	B	C	D	权　数
零售代表	a	b	c	d	
订单数	……	……	……	……	30
客户数	……	……	……	……	30
销量	……	……	……	……	40
得分					
排名	3	2	4	1	

在管理方法上，表 3-1 将量化管理、激励管理、排名管理、关键指标管理等方法有效地结合在一起，形成"看板管理"方法。

"晨练"

每天早晨，针对看板上标明的各零售代表前一天的表现，经销商要与各零售代表单独谈话，着重安排需要重点执行或要有针对性做调整的事情。如针对他所就职的这家企业的市场状况，哪些零售终端需要重点拜访，哪些产品要铺到哪些目标终端，哪些终端当天尽量攻下来，尽量达到能进货的目的。销量为什么不好？终端拜访数量不足的原因是什么？订单数不足是因为产品不好卖还是没有全部拜访终端……如果企业最近有新的促销活动或销售政策，就要提醒他们不要忘了将政策及时贯彻到终端。

通过谈话，经销商对当天零售代表的销售状况做出初步判断，也对前一天每位零售代表的工作表现进行总结，对零售代表的工作给予及时指导的同时，也提示经销商考虑是否需要与企业沟通货源、财务资金安排是否合理、仓库运输是否顺畅等问题，为经销商当天的内部管理工作做好铺垫。

"回巢"

每天下午，经销商会整理各零售代表的订单、拜访记录。许多零售代表可能会认为这是企业内部的事情，经销商不能"多管闲事"，有的零售代表会采取不合作的态度。这时，经销商不必强求零售代表，当每天的看板结果出来以后，"0"记录肯定会被前来巡查的企业上级主管或督导看到并进行深入调查。到头来，零售代表还是会被上级主管要求与经销商合作。

零售代表回到经销商处，经销商通常会给他们布置"作业"，让他们自己统计各项数据，并在看板填写数据。在他们填上自己的成绩后，由一家企业的零售代表牵头分析当天的工作、分析当天的成绩和不足、分析竞争对手（经销商处一般不会同时有两个是竞争对手的零售代表）、分析市场形势、总结改进措施。这样做能促使各企业的零售代表互相促进、自我管理，最终达到资源共享、共同提高的目的。

调整

由于每周的工作重点不同，或者经销商通过看板了解到某零售代表在某些方面存在弱项，经销商会通过调整权重确定每周的工作重点。订单数、客户数、销量的高低，经常能反映出零售代表在哪些方面下了更多功夫，哪些方面未引起重视。通过调整权重，便于零售代表改进弱项。

排名

排名是一项很有意思的工作。许多零售代表可能只是在上学期间，每个学期期末看到自己的成绩排名，而在经销商处，天天可以看到自己的排名。看板上的排名效果比学校里的成绩排名好得多，也不容易隐瞒和掩盖事实。因为看板一般放在人员众多、流动频繁的临街商铺或批发市场，排名靠后会招致非议。

通过合理调整权重，通过实施和综合评估关键指标，得到各位零售代表每天的得分和排名。虽然排名只是一个数字，但它会在工作时间内印在零售代表的脑海里，激励他们努力工作，以便上交良好的拜访成绩单。

当日事当日毕

每天都将当天的零售代表的重点工作表现统计排名，并将其用看板的形式公开出来，这就是当日事当日毕的真实表现。

分析

经销商虽然不会用太多的分析工具，但作为生意人，他们是用脑分析的高手。他们对数字的敏感和准确判断是很多零售代表所不及的。经销商把这些数字在脑海里过一遍，便能做出谁认真、谁负责、谁偷懒、谁勤奋、谁遇到了困难、谁耍了小聪明的准确判断。经销商在鼓励、奖励工作表现突出的零售代表的同时，提报所属企业表彰和提拔该零售代表，帮助工作表现不好的零售代表找到原因。如果是主观原因，则进行开导，看是否还有改变和进步的机会，或提报给所属企业，由企业处理。

总结上述具体操作步骤，我们就会得到一个系统化、规范化的经销商工作流程，如图3-3所示。

图3-3　系统化、规范化的经销商工作流程

虽然零售代表并不习惯这种管理方式，可能还有抵触情绪，但实施看板管理后，零售代表很愿意接受这种管理方式。因为这种管理方式在他们倦怠的时候能激励他们，促使他们提高业绩；企业管理者对此非常满意，因为这种管理方式解决了长期困扰企业的管理问题。

5. 经销商"不听话""不服管",怎么办

不断地有客户放弃代理权,说是因为企业压货压得太厉害,已经不堪重负。原来企业是把客户当作合作伙伴,并且会将理念与系统导入给客户,让其成长,让其发展。现在,各种与客户不和谐的情况出现,现有环境下的渠道建设怎么了?

要点一

企业有带动经销商成长的责任,不能只是压货。

企业原来为什么要做各种模式的研究与推广,要设立客户经理队伍来帮助经销商,为什么要实施深度分销以及分销协作,每年经销商大会要给经销商培训?就是因为自己有系统性的分析研究能力,是组织状况下的系统性运行,是因为更懂市场、消费者、产品、渠道、运营,所以,将经营管理必须有的能力复制转移到经销商那里,共同从市场要销量、出业绩。

要点二

客户是用来管的吗？

我一直认为，客户是不可能用来管的。客户也是一个独立的经济实体，他也有他的企业或组织发展目标，他在经济社会中也有自己的角色。企业动不动就管经销商，在传统经济时代，信息不对称，客户也就认了，或者说也难有机会与能力去反抗。而在移动互联时代就不同了，一是移动互联的颠覆性，也给了经销商自己变革的机会；二是信息对称了，经销商的学习能力与信息了解一下上升了几个量级，他们成长也非常快，再加上自己贴近一线的实操能力，所以，对经销商实行强硬政策式的管理站不住脚了。

总体来说，是企业与经销商的关系与位势有所改变，原来是单向的、封闭的、不对称的，企业的话语权更多。现在，变为双向的、开放的、对称的、链接式的，企业的话语权受到了一定的挑战。

要点三

系统性合作，只有这一条正确的道路。

移动互联时代，就像原来提出的，将经销商当作合作伙伴，并且进行系统性、融合性的合作，可能才是真正的出路。

所谓系统性合作，直白地说，就是企业有一整套体系，将渠道成员容纳进来，来协助、支持、共同推进企业的营销。

这种系统跟原来企业有的 SMS（销售管理系统）、CRM（客户关系管理系统）、ERP（企业资源计划系统）、财务管理软件、DMS（经销商管理系统）等应该都不同。为什么？原来全是企业封闭的数据收集系统，渠道成员只是被管理的对象。

如果没有系统性的合作能力，经销商就会自己摸索（虽然这种野蛮生长、草根式摸索是最痛苦也可能是最无效的）。虽然这种摸索成本与代价可能会太大，但为了生存，也没有办法。

所以，经销商在企业没有指引与指导的情况下，自己承接企业端与下线，将原来的商流、物流、信息流、资金流进行对接，也开发所谓的 2B 电商模式，自己在淘宝天猫上折腾，自己开发产品或联合开发产品，进行各种的社群式活动，希望能从横向上联盟实现有所突破……长此以往，企业的电商即线上渠道，控制在天猫、京东等手里，企业的线下渠道，即经销商也自行发展，离企业而去，这将是企业最大的发展痛点！

系统性合作是企业渠道发展的唯一正确道路！

要点四

企业如何建立系统？

系统的基础是：有一个平台。

移动互联时代，这个平台不一定要非常高深，但起码能满足与实现企业与客户进行有效的沟通与对接，并且能够将一些业务、工作、合作、协同在平台上进行互动探讨与联系。

业务方面：包括内部业务管理、拜访管理、订单管理、资金管理、区域管理、路线管理、日程管理、任务管理、产品管理等。

客户合作：包括客户部门化管理与沟通、营销互动、销售融合、活动互通、推广协同、社群共建、价格共管、异业共盟等。

例如，微信是一种基本沟通工具，几乎人人都用，这本身就是一套基本的客户沟通系统。如果能够基于微信进行开发或者应用,将是企业建立系统的一个起点。

将客户导入微信开发系统中,通过微信的即时图文语音视频等信息源,通过对人、财、物、订单、现场、活动、销售、营销推广等全面的信息沟通内容,采取交流、培训、互动、人才招募等多种方式方法,相信能让企业重新接纳"伙伴"理念,并且真正交融到"合作"层面,从而实现企业与渠道商之间的共生共荣关系。

如自己开发 App,则同出此理。

移动互联时代,整个企业的渠道系统与客户的关系,都在发生变化。企业应该励精图治,去拥抱变化,善于了解与洞察变化,并且积极去应对变化,这样,客户才会与你一起,为业绩实现与企业长久发展而贡献自己的资源与能力。

6. 快消品 B2B 电商，多存在天然硬伤吗

现在在消费品行业里，B2B 电商应该算是被讨论得最多的一个话题。

B2B 模式溯源

2014 年元旦，我接触了一个 B2B 电商项目（当时该企业老板为追风，还自诩叫 O2O），当时，这个曾经叱咤风云的商业家创办了国内最早的农村商业连锁，并取得辉煌成绩。在移动互联时代，二次创业 B2B 电商。他虽然不是营销科班出身，但其对商业必需的商流、物流、信息流、资金流了解透彻，而这些都是 B2B 电商要了解的重点。

B2B 电商，因中间费用与运营问题而产生

在企业中，营销费用往往损耗在中间。如果有中间商，你需要他们帮助企业进行产品分销，且他们还要分利润；如果没有中间商，则需要企业有大

量的自有业务。而这些，由于基本都是远程使用及驻外控制，并且渠道网络之间也存在竞争，所以，大量的费用都耗费在这里。中间商大多是草根出身，整体素质相对于正规的组织化的企业偏低，所以，运营不一定规范，如存在克扣、截留费用的话，那费用就更难管控了。

国内有一个快消知名品牌，有两万多名员工，业务渗透到了中国各个角落。其京津冀区域的市场总监作了分析统计，其中有60%以上的营销费用浪费在了渠道中间。

而我们也认为，中国的快消品行业，企业是成熟的，并且可能是所有行业中最成熟的，这基于国际巨头如可口可乐与宝洁等上百年的全球运营经验，以及本土巨头如康师傅与雪花等对运营管理的勇敢探索实践。渠道终端是基本固定的，没能脱离可口可乐总结的那 22 种渠道。消费者的日用消费品的消费基本固定。而中间商是独立企业之外的实体，自负盈亏，所以，中间费用与运营管理问题，一直是消费品业没有解决也是难以解决的问题。

有了 B2B 电商模式，通过移动互联网这张"链接一切"的网，就可将原来松散、远程、驻外、不可控的因素链接起来了。当然，链接起来后，就有新的运营与管理了。

B2B 电商，促进了中间商来实施

首先，移动互联使原来的金字塔模式变成了网状，原来企业是渠道的起始端，网状以后，中间商也可作为起始端来组织渠道运营了。于是，曾经是物流配送商，或者本身是运营终端多年的渠道商们，便开始组织起 B2B 电商来了。

现在从市场上来看，这类 B2B 电商是 B2B 电商的主导模式，当然也有一些跨界或者咨询策划界人士看到机会进入。而以中间商为主体的 B2B 电商，使 B2B 电商的成功充满了变数。

没有哪个行业的变革是通过中间商来完成的

这是我原来写茅台、五粮液通过中间商变革的文章里的观点。同样，这个观点也适用于现在的 B2B 电商。

主要原因：中间商的能力是有缺失的。本身经销商一直是作为功能商存在的，即企业要么是利用他们的物流，要么就是利用他们的资金，当然可能还有一些当地的经销资源。但是，要能使完整的 B2B 电商链条得以良好的运营管理，实现可持续营利性运营，中间有太多的路要走，甚至绝大部分是不可能实现的。

商流：中间商很难有这种谈判能力。传统时代，深度分销为什么如此之火，在各行业畅通无阻，就是因为深度分销有个理念——企业应该是渠道的起始端，承担渠道运营的部分职责，特别是商流。所以，康师傅认为商流自己做，物流由经销商来操作，这就成就了康师傅与统一相比肩的大陆优势地位；可口可乐通过 101 系统的自己帮客户拿订单的方式，抵御了百事可乐的 WAT 的强大的市场冲击；雪花啤酒通过自己的两种商流运作方式（深度分销和分销协作），成就了全球知名啤酒品牌。

物流：京东为什么能够一直亏损还受资本追捧，可能主要是因为其物流自建。从京东看来，物流自建是需要巨大的成本费用的，而那些物流出身的中间商的现实情况则主要是，其商流、信息流、资金流管理能力又有限。

信息流：这是各方来抢占 B2B 电商的主要原因。大家都认为，做一个软件，将企业、中间商、终端甚至消费者的各种运营管理操作执行链接起来。

可是，大家并没想过，这种基于移动互联的信息流运营的花费非常大！我们可以看到，每个B2B电商在这方面都有相当高比例的人员！

人员、组织与流程：B2B电商本身就是希望通过移动互联使中间费用节省，使中间运营更具效果、效率、效益的事情，可是由于人员能力的不匹配、组织运营的难度、流程的复杂或者说短缺，使现实中B2B电商问题不断或存在隐患。这中间就有因为人员问题而差点倒闭的B2B企业，因为找不到赢利模式而痛苦不堪的B2B企业。当然，更多的，还在路上摸索着。

B2B电商就是中国新零售的基础建设

B2B电商毕竟将渠道用一个链条紧紧链接在一起，运营得好，肯定会比以前有效果、效率以及效益。只是渠道更像现实中的道路，高速公路当然一定会比普通公路快。只是，这条高速公路到底由谁来建？应该还是那些巨头们来建。

现实中则很简单，村民自建高速公路，这种成功的可能性与艰辛，我们都能想得到！

B2B电商如是。

7. 新零售能成为渠道新变革吗

阿里提出的新零售，信息量非常大！百分百新概念，百分百颠覆性，百分百打破原供应链、价值链、消费链秩序。

现在，阿里已经在各个方面开始进行新零售的试验。那么，新零售会对快消业带来什么影响呢？

要点一　新零售对快消业渠道及营销的冲击

无论是正在发生的，还是将来可能发生的，新零售模式可能会对快消业产生如下影响：

（1）新工具的应用。移动互联很快就要变成传统行业，也就是说，你还没入门，那些移动互联、吸粉、互动等工具就已经变成传统的方法了。

（2）消费主权对大规模固化生产销售的冲击。直接 C2F 模式（Customer to Factory，即消费者对工厂）。不管对不对，可不可能，程度多大，阿里的新零售好像一直想朝这方向走，你不关注，真的恰好颠覆到你这个行业或直接就降落到你的头上了，怎么办？

（3）价值链操作的反转。就像我们原来倒着做渠道一样。传统企业关注中间渠道利益居多，向消费者打打广告，让他们熟悉一下品牌就行，但现在好像消费者主权时代要来了，新零售重点关注的是消费者的体验。

（4）中间层级不但被压缩，还被阿里这些巨无霸中间层级剥夺。原来的渠道为王，很有可能要变成"阿里是最大的渠道"了。

（5）原来的组织、运营都被打乱。这明显就是要打散重来，依据新零售来设计营销、销售、客服、物流等部门的节奏。

（6）数据带来的运营、管理巨变，使快消业面临重构：价格体系、渠道体系、产品开发都将面临巨变。数据掌握在自己手里还好，如果掌握在阿里手里，这巨变可能又得加深一层。

总之，阿里的新零售总是能比我们要更轻松地将商业各要素链接起来。快消业原来都是每个企业自己建立自己封闭的商业运营系统，现在这么一来将会对消费品企业造成多大影响？我们认为，反正做最坏的打算就对了！

要点二　新零售对企业的影响

阿里的新零售，从现在来看，好像主要还是一些淘品牌（在淘宝商城或天猫成长起来的品牌）、时尚类等企业在做。但是我们都知道，从来没有一场商业革命像互联网以及移动互联网这样对传统行业摧枯拉朽与重构：

（1）企业成了数据源、数据库，这些使大规模生产不再是企业核心发展优势，也不再是时代发展的主导模式。我们要知道，现在还有不少企业有数据都不用，都还在拍脑袋决策。

（2）真正被赶到满足消费者需求的高要求层面上来。这对企业能力又是一个严峻的挑战,使那些闷头抄袭产品就销售的企业濒临死亡。

(3)开发产品的自我意淫、低毛利的大规模销售模式、金字塔型渠道结构与分销,都将面临解体与新发展。而这些,又使原来的金字塔型传播模式不再产生效用。

从近年来快消品行业触网、拥抱移动互联网的情况来看,如此大体量的快消品行业,做得好的品类不多,以化妆品、茶、干果等类为主,跟一直引领传统营销相比,行业离引领互联网营销与销售还差得很远。另外,近期快消业中越来越多的企业涉及 B2B 电商。新零售会花多长时间、多大程度影响到快消业,还没法判定。但传统的快消业的几板斧,如大传播、强渠道、恶促销,已经受到了挑战与打击!

要点三　新零售对消费者的影响

据报道,所谓新零售,就是要给消费者最优体验。从这一句话就知道,新零售希望对消费者产生非常正向有益的影响。看来,以前的品牌为王、渠道为王的口号,明显就是要改成"消费者为王"了!

新零售的新是过程,是内在,想达到的是消费者要认为"好"的结果:

(1)消费者主权得到空前的发展。阿里正在教育着消费者,并使其日益成熟。

(2)亲朋好友的信任,使他们更易受推荐购买。往后,厂家自吹自擂式的传播,将变得越来越没用了。

(3)购买后,享受一体化服务。但销与消二者之间信任关系的重构,将是一个更长久的过程,这也易产生更多的供销消的问题。由于定制或叫 C2F,对 F 的定制要求,使消费者面临巨大的需求得不到满足的困境以及纠纷。

很明显，新零售如果真如阿里所言，让消费者有更好的体验，这将直接带动企业经营管理服务 360° 无死角的消费者导向转变。

要点四 快消品新零售建设，很彷徨

总之，新零售说来说去，都好像力图让所有的消费品业都变成阿里一家的零售。因为，你在用它的基础商业架构。消费者、销售商都在这个架构系统上面，不断地买和卖，不断地数据积累，不断地滋养着阿里的"新零售"系统……而对于消费品业来讲，将是一个彻彻底底的颠覆。到底怎么走，可能还需十年以上的探索，我们拭目以待。

第四章 渠道冲突管理

1. 渠道冲突，企业有责任

渠道冲突似乎已经成了企业渠道管理的顽疾。企业虽然想尽一切办法，在合同里严格约束经销商的行为，严格区分销售区域，严格监控销售过程；发生问题时，严格处理经销商，但依然没有解决根本问题，渠道冲突似乎总是"野火烧不尽，春风吹又生"。

渠道冲突问题真的那么难解决吗？

其实，企业的渠道冲突基本上是由政策分配不平衡，促销执行不到位，返利时间或返利物不恰当，渠道费用分配不合理，没有严密的物流控制体系，新旧产品的渠道策略失当，强势终端沟通乏力以及货款管理不完备等原因导致的，这些都与企业制定的策略有关。看来，是企业自身经营管理的弊端引发了渠道冲突，却在渠道本身上找问题、找解决办法。

渠道冲突不只是渠道的问题，还是企业营销战略及执行的问题。

战略上的缺失

渠道冲突产生的原因是企业营销战略的缺失和渠道战略的不合时宜。

首先，企业在制定战略时，经常将渠道作为产品销售成功的唯一因素。企业的产品一推出，企业经营者就在心里默默地祈祷："希望产品能通过渠道一炮打响，希望渠道成员能够很快接受产品，并且以最快的速度分销产品，希望渠道成员能够在没有追加投入的情况下，完成销量、收回货款……"

所以，企业只要将产品生产出来，剩下的事情就全部交给渠道了。我们到市场上走走，在经销商处经常可以看到这样的新产品上市方案："本企业的新产品××将于××月××日隆重上市，为了取得良好效果，特进行渠道促销活动，一级批发商进货××箱赠××、二级批发商进货××箱赠××，活动日期为××日—××日……"

产品销售最重要的前期工作基本上就是用简单的政策，让渠道成员在短时间内大量进货，至于渠道管理，以及上市后的市场管理就无人提及了。在这样的销售战略指导下，渠道能不出问题吗？

其次，企业在制定战略时，渠道被当成外部资源，导致渠道成员与企业利益不一致。也就是说，企业将渠道各级成员当作工具，而不是合作伙伴、事业搭档，当然会产生渠道冲突。事实上，渠道冲突最严重的企业就是那些在一个区域市场找一个经销商后就放手不管的企业，只要能发出货、能收到钱就什么都不管的企业，仅将经销商当作卖货工具，最终吃到了渠道冲突的苦头。

最后，企业采用过时的渠道管理模式，不能满足当前的销售要求。其实，我们并不排斥传统大流通、大批发、大占有的销售方式，但也不鼓吹直销模式、深度分销模式如何好，但传统模式在社会化大分工和精细化管理的情况下确实需要做出调整，例如，加强管理、组织人员培训等。

我们经常看到企业利用一个机会就发展壮大的例子，但很少有企业真正将渠道当作自己的组成部分，和渠道一起形成营销战略整体。以前，很多企业在产品研制出来且可以销售的时候再招商，这是没有把经销商当作企业营销战略伙伴的表现，所以招商形式走下坡路也就不足为奇了。

可以说，很多企业还没将渠道提高到与战略同等重要的地位上，只是单纯地认为产品销售需要渠道，并不认为渠道与企业、产品等本身就是密不可分的关系。企业在制定营销战略时，如果只在产品推向市场时才想到利用渠道，那就太晚了。

策略上的偏差

其一，企业在制定销售策略时，产品、价格、渠道、促销、消费者等各项因素往往是孤立的，或者根本就没有考虑这些因素。最常见的例子是，只制定渠道政策而忽略了消费者，结果消费者对产品不买账，从而使渠道政策最终变成渠道成员砸价、窜货的有利工具。

其二，企业在制定销售策略时，将完成销量当成工作重心，忽略了渠道成员的操作步骤及具体行为。这种只问结果不问过程的策略使渠道成员对策略有不同的理解，从而产生不同的行为。

在企业的销售策略书中，只提能完成多少销量和需要多少费用等，不提渠道成员需要承担的责任与义务，或者最多只是说，如果违规将受到处罚等，这明显不是负责任的管理行为。

其三，企业在选择渠道成员时，主要考察他们的流通能力、资金能力，忽略了渠道成员的其他因素。例如，信誉、价值观、经营理念等重要的软因素常常被企业忽略，导致渠道成员思路不一、素质参差不齐。这是企业选择渠道成员最容易犯的一个错误，也是最难解决的问题之一。没有找到预期的渠道成员，退而求其次选择一个自己并不满意的经销商，最终有可能给企业埋下"定时炸弹"。

现在,有些企业已经达到几天一个销售策略,或一个销售代表手上同时掌握几个销售政策的程度。竞争对手有什么动静立即反攻,也不管这个策略会不会带来不良后果。这些未经仔细考虑的销售策略会产生很多渠道问题,很多企业都在鼓吹其制定的销售策略如何合理和有效,其实,总让渠道吃"西药",虽能立刻止痛,但最终会将渠道治垮。

错误的渠道管理思想

无论是"企业本位"思想,即不事先防范、事后严罚的思想,还是只想用罚款、保证金、返利等措施控制渠道成员的思想,都是错误的渠道管理思想。

思想决定行为,思想不正确,企业管理渠道的行为就不是合理的销售管理行为。这些思想使企业离市场越来越远,与渠道买卖式的业务关系和深耕细作渠道的思想发生碰撞,产生了巨大的渠道管理成本。

市场服务能力不强

第一,企业能力与渠道运作及发展不匹配。在很大程度上,企业的市场服务能力比较弱,服务渠道成员的能力比较差,很多企业还处于"管理市场""管理渠道"的阶段,对企业必须服务渠道成员,以求其更好、更快地服务消费者的认知不足。企业的功能应该是"服务"而不是"管理",没有认识到这一点,企业很难提高市场服务能力,企业给渠道成员的印象是"只知道索取利润,对渠道不闻不问"。服务不到位,使本来就不太规范的渠道更容易出现问题。所以，很多企业都在大力推广渠道下沉、精耕细作、深度分销等模式，努力提高自己的市场服务能力。

第二，在与渠道成员的利益不一致时，企业的博弈能力弱。有些大型国际企业能与现代卖场实现共赢，就是因为双方能力相当、谈判地位平等。实际上，有些企业被几个大客户控制，如果企业与经销商在满足消费者需求、毛利率、客流量、产品表现等方面发生分歧，也是因为企业的市场运作能力不如经销商，从而使企业处于被动地位。

第三，企业的领导能力弱。那些市场服务能力弱、根本不知道如何服务市场的企业，那些只知道用高压政策去"管"渠道、将市场服务甩给渠道成员去做的企业，将逐渐衰败或消失。市场需要企业提供服务，因为所有的渠道成员都是企业的客户。企业没有从"管理市场"转变为"服务市场"，让能力有限的各级渠道成员全面管理他们的下线客户并提供服务，当然会发生冲突了。

随处可见的不当的渠道管理行为

在战略、策略、能力、思想都发生偏差或者错误的情况下，企业的销售行为肯定严重偏离了规范的市场轨道，这种由于企业的错误导致的渠道冲突也就"无处不在"了。执行方式不公平、大户与小户不对等、业务员为销量纵容渠道窜货、各项措施执行偏差等不当的渠道管理行为，引发了一次又一次的渠道冲突，企业也在一次又一次无奈的处罚中将渠道冲突逐渐升级，导致渠道崩盘。

行业里的人赞成用"胡萝卜加大棒"的方式对待经销商，其实，在渠道冲突问题上，企业最好先将"大棒"对准自己。

2. 企业对渠道要服务在先

销售部的领导最常说的话就是："把经销商和终端管理好，将自己区域市场内的业务管理好。"业务员会认为，渠道管理是业务管理的重要组成部分，业务员的销售政策、渠道促销、货款回收、信息收集、业务拜访等核心工作都与渠道有关，如果没有管理好渠道，就不能实现预定的销售目标。总而言之，将渠道管理得越好，就越能维护好市场、取得更好的业绩。但是，我们发现，这个观点越来越站不住脚。因为这是企业内部管理概念毫无根据地照搬到业务系统的肤浅表现，是市场运作重点从厂家转到消费者后，企业仍停留在推销阶段的落后的销售思想。

只要我们认可"产品要满足消费者需求"这个终极目标，渠道管理就应该调整为为渠道服务。

计划、组织、指挥、协调以及控制等管理的基本功能，在企业的渠道运作方面都应臣服于渠道服务这个最高原则。可以说，渠道运作的主要功能就是渠道服务，而不是对渠道进行计划、组织、指挥、协调、控制式的管理。

企业是服务机构

企业的产品是为消费者生产的，以消费者为导向，企业不再是管理者的角色，而是一个满足消费需求的服务机构。很明显，原来的"买卖"式经销商已经转向"服务"式经销商。将产品批发给经销商就万事大吉的时代已经过去了，我们将这种销售方式称为"转移库存"。现在，我们考量业务的指标不再是经销商每月的进货量，而是企业的产品在终端的覆盖率和在整个市场上的占有率等关键指标。

大批发商麦德龙公司赖以起家的法宝是"现购自运"，中小批发商、零售商到它的卖场采购必须自备运输工具，并且现款现货。我们都知道，下游客户能接受现款现货而不是要求账期，主要是因为供货商提供了更多的价格折扣。如果货物的周转速度太慢，下游客户宁可进货价格高一点，也希望通过账期减轻资金压力。

为了让客户更快地出货、提高周转率，麦德龙公司不但在采购上下功夫，而且在产品信息和经营咨询上向客户提供无偿服务。例如，每两周会员单位都会获得麦德龙邮报，会员单位通过阅读邮报了解产品特性、质量、规格和价格，便于客户做出采购决策。公司和各商场均设有客户咨询服务部门，通过分析收集的信息，根据各客户的经营情况提供业务咨询服务，与主要的客户沟通，向他们提供采购建议，帮助客户降低采购成本、提高业绩。

麦德龙公司不但树立了服务下游客户的思想，而且找到了将这种思想付诸实践的方法。大家或许只注意到它的"现购自运"的贸易条件，却忽略了支撑这种贸易条件的战略思想和实现途径。

对麦德龙公司来说，它的客户是自己找上门的，即使成为其会员，麦德龙公司也不能向他们压货。那么，麦德龙公司靠什么吸引中小批发商和零售业主呢？业界总结麦德龙公司的经营模式是，用零售的方式做批发。这绝不是把批发商的仓库变成具有零售功能的卖场这么简单，想想零售的方式到底是什么吧！只是找块地皮建一栋房子吗？想想零售商是如何对待消费者的？腿长在消费者身上，他们用钱投票，零售商只能利诱，不能威逼。零售商不断研究消费者的特点和弱点，让其在一次次的"冲动"与"算计"中，帮助零售商完成利润大业。

麦德龙公司的例子给我们的启示是什么？同样是对待下游渠道成员，我们的企业要看着、管着、监督着，最后还用合同约束着，而麦德龙公司却能做到"太公钓鱼，愿者上钩"。

服务于离消费者最近的终端，服务于为终端服务的经销商，和渠道成员一起共同拓展和维护市场，让产品更接近消费者，及时满足消费者的需求，这是麦德龙公司成功的主要原因，也是检验我们的营销工作能否取得成功的唯一标准。

按照市场规则服务

无处不在的市场规则才是真正的渠道管理者，企业要按照市场规则服务渠道，而不是按照方便自己的原则管理渠道。

即使企业不参与，不对渠道进行变革，渠道成员在市场规则这只"看不见的手"的管理下，不断提高自己的能力。激烈的市场竞争使渠道成员要么成了配送商，要么必须覆盖终端，要么与其他渠道成员联合，要么"简化"为某个单一渠道或单一产品的经销商。渠道成员要么发展，要么出局——有理念者飞速发展，无理念者无立足之地。

快消品行业是市场化程度最高的行业之一，无论是国际企业还是本土企业，都必须按照市场规则为终端和渠道中间商服务——为终端做生动化陈列、为中间商拿订单等工作。如果企业不这么做，就会被竞争对手打败。

我们经常听到一线经销商这样说："市场就这样，我没办法不改变啊，二级批发商要我送货，就算是大年初一，我也得送去，我不可能因为过年而拒绝批发商；二级批发商迫于竞争，已经向小卖部直接送货了，我也要找机会做车销（即开车带着产品到渠道现场销售产品和收款），否则就会被淘汰。"其实，企业也和经销商一样，如果不按照市场规律服务下线客户和消费者，就会被市场这只"无形的手"淘汰。

企业的一线业务员经常无奈地感叹："经销商好难管，怎么办啊？"其实，这正是企业需要转变观念的时候，企业要用心提高对渠道成员的服务水平，为其提供更丰富的服务内容。

企业要靠服务取胜

在以消费者为导向的市场环境中，企业要想获得比竞争对手更多的利益，就要在渠道管理之外靠服务取胜，靠服务让产品增值。过去，企业通过找到条件好的经销商，或者因为二级批发商数量多、分布面广而获得竞争优势，现在这是不可能的事情。企业已经认识到，即使竞争对手的经销系统很完善，自己也可以通过服务打败他们。

中国台湾地区的顶新集团，1988年才开始在中国大陆投资，当时，统一企业在台湾地区早已赫赫有名，并且是台湾地区第一食品企业。在很多人眼里，顶新集团虽然在中国大陆市场上靠方便面取得了竞争优势，但要长期与统一企业——台湾食品巨头竞争，大家还真替顶新集团捏把汗。然而，20世纪90年代中期，顶新集团对渠道进行了为期3年的精耕细作，在渠道服务方面比统一企业更胜一筹。

当时，顶新集团将北京地区的近 20 个大批发商全部"砍掉"，把剩下的批发商改造成物流配送商和邮差配送商，让他们为终端提供配送服务。同时，顶新集团还招聘了大量的助理业务代表，为终端提供订货服务等。顶新集团已经完全掌握了渠道服务的精髓，因而在饮料领域轻松地获得了茶饮料市场占有率第一的位置。这足以证明，通过服务给产品带来的增值已经超过了传统经销商分销产品的价值，并且还有可能取得更大的成功。

通过渠道服务，经销商和终端的思想与企业的思想一致，都认可消费者是第一位的观点；渠道成员自身能力得到提高。这些做法都能让产品深入人心，都能让产品获得比竞争对手更高的附加价值，从而让企业获得更多的利益。

企业如何提供服务

实际上，企业没有渠道管理权，销售队伍也仅仅是一支服务队伍。企业只有认识到这一点，才能看清销售的本质——服务消费者。所以，少谈管理，多做服务，从转变思想开始、从现在开始。

（1）渠道服务要贯彻以消费者为导向的思想。业务员每天面对的是渠道成员，如经销商、二级批发商等，但他们始终不能忘记，渠道成员只是中介，消费者才是企业实现销售目标的真正用户，这需要企业从上到下统一认识。

渠道终端成员以消费者为导向的意识最强，但渠道中间成员就需要企业的引导了，扭转他们因不能直接接触消费者而没有以消费者为导向的意识。

（2）渠道服务以终端为出发点。上游联结渠道各级经销商，下游联结消费者，这是渠道服务的关键点和出发点。通过业务系统在终端贯彻渠道服务的理念，让经销商和消费者感受到企业的服务理念、服务态度、服务执行水准和服务效果，从而进入"推拉合一"的营销最高境界。

（3）销售部就是服务部，业务代表就是客户服务代表。销售部的职责不再是经销商的联络部门，主要任务也不再是拿货款、开订单，而是以终端服务为核心，为渠道成员服务。业务员转化为客户服务代表，向渠道经销商提供市场操作服务，向终端提供无微不至的服务——最大限度地为消费者服务、亲近消费者。

改善渠道管理、为渠道服务，绝不是换汤不换药、新瓶装旧酒，它是以消费者为导向、提高企业竞争力的最佳手段。

3. 案例：可口可乐公司的渠道平衡之道

可口可乐公司在中国的渠道系统

可口可乐公司的策略是让业务员和渠道系统进入市场的每个角落，让产品无处不在。目前，某些城市的可口可乐系列产品的铺货率甚至高于100%，因为一些非传统的销售点也在销售可口可乐系列产品。

可口可乐公司在中国的渠道系统如表4-1所示。

表4-1 可口可乐公司在中国的渠道系统

现代渠道			传统渠道											
KA			批发	101	直营									
大卖场	连锁超市	便利超市			餐馆	交通	百货店	食品店	快餐	酒店娱乐	食杂店	学校	摊贩	旅游	窗口店	网吧

从表4-1可以看出，可口可乐公司渠道系统包括现代渠道和传统渠道，传统渠道在中国的快消品市场上所占的比例较大。不少外资企业就是因为忽视了传统渠道，才退出中国市场的。可口可乐公司的渠道虽然很多，但可归

结为 KA（Key Account，即重点零售客户）、批发、101（即可口可乐的传统零售点销售服务系统）和直营四类渠道，这四类主渠道构成了可口可乐公司渠道系统的主框架。

不同渠道的合同管理

可口可乐公司的三个合同奖励关键指标分别为生动化考核、销量返扣和账款考核（在一定账期内未收回的货款，并非赊账经营）。这三个指标在不同渠道的重要程度和要求都是不同的，如表 4-2 所示。

表 4-2　不同渠道的合同管理

KA	批　发	101	直　营
生动化考核 销量返扣 账款考核	总销量返扣 非碳酸销量返扣	单箱配送奖励	销量返扣 生动化考核

（1）对 KA 渠道成员来说，生动化考核最重要，要将店面表现、常规堆头、特殊堆头，以及各项促销活动的检查内容和考核标准详尽地列在合同里。对 KA 渠道成员进行生动化考核和账款考核，要和批发客户的销量考核区分开，尽量避免 KA 渠道与其他渠道的正面竞争。

（2）对批发渠道成员来说，从单纯的总销量考核过渡到非碳酸饮料销量考核。以碳酸饮料闻名的可口可乐公司，将非碳酸饮料的考核单独列出来，一方面是为了提高非碳酸饮料的销量，另一方面是为了让渠道成员牢牢记住——可口可乐公司要成为一个全方位的饮料公司。可口可乐公司加大对批发商的非碳酸饮料销量考核力度，避免批发商只做成熟品牌，并有效地解决了批发客户用可口可乐公司的成熟产品冲击其他渠道的非成熟产品的问题。

（3）对 101 渠道成员来说，通过给予 101 渠道成员配送货物奖励，使该渠道成员脱离流通渠道，避免与批发客户争夺渠道下线客户资源，消除渠道窜货的隐患。

（4）对直营渠道成员来说，由于直接面对消费者，有业务员为他们服务，并且能够依据实际情况采取个性化策略。所以，冲击其他渠道或被其他渠道冲击均不太可能发生，他们主要从个性化服务中获得自己的利益。

许多客户通过可口可乐公司的合同就能明显感觉到可口可乐公司的个性化管理和对他们的尊重。更重要的是，这个合同不是走过场，是真正管用的合同，不像某些公司的合同，一旦市场出现问题，合同就如同一纸空文，根本没有约束力。

各渠道系统间的平衡

（1）KA系统。可口可乐公司的渠道系统将KA系统细分为大卖场、连锁超市和便利超市三类。如果一个KA渠道成员同时拥有三种业态，那么就会拿到三份不同的合同。

KA系统属于现代渠道，在国际市场上，很多KA系统客户已经是可口可乐公司的渠道系统的长期合作客户，所以可口可乐公司还专门派谈判经理负责此类国际大客户的合同谈判工作，以使合作更加紧密，并符合国际合作惯例。KA系统各指标考核比例如表4-3所示。

表4-3 KA系统各指标考核比例样表

KA		
大卖场/%	连锁超市/%	便利超市/%
生动化	生动化	生动化
销量	销量	销量
回款	回款	

注：表中各项表示在此种业态下的关键指标，其百分比为占总体考核的比例。

在 KA 系统中,生动化是平衡渠道系统的主要因素,也是可口可乐公司以消费者为中心,提供个性化服务的体现。很多同行都知道 KA 系统大客户向其他渠道窜货带来的可怕后果,在可口可乐公司,KA 系统客户没有向其他渠道辐射的能力,虽然他们都是月销量很大的客户,但只能在自己的卖场内与可口可乐公司联合做促销。

(2)批发系统。在可口可乐中国分公司的批发渠道系统内,没有一级批发商、二级批发商、特约经销商、分销商等繁杂而又无效的客户分级,可口可乐中国分公司将他们统称为批发商,对他们的奖励政策相同。这些批发商的合同除销量目标不同外,其他都相同。

可口可乐公司与许多企业不同,它会帮助批发商做市场,帮助他们管理业务,并通过培训使其与可口可乐公司一起成长,而不是像某些企业那样,把批发商扶植成经销商,让其管理市场费用、开发市场,自己坐收利润。

(3)直营渠道系统。虽然直营渠道较多,但经过多年摸索,可口可乐公司能有针对性地运作不同的直营渠道,如表4-4所示。

表4-4 直营渠道的考核重点

直营												
餐馆	交通	百货店	食品店	快餐	酒店娱乐	食杂店	学校	摊贩	旅游	窗口店	网吧	……
销量	销量	生动化	生动化	销量	销量	生动化	生动化	销量	销量	生动化	销量	
	非碳酸销量	销量	销量	单品销量	销量	销量	销量	活动开展	销量		非碳酸销量	
		账效		账款			单品销量					

注:表中各项表示在此种业态下的关键指标,其占总体考核的比例略。

直营渠道反映了一家企业的市场掌控能力,在可口可乐公司,主要体现了企业的个性化服务能力和统筹能力。例如,针对快餐行业、工矿企业、旅游景点、各类学校应该提供哪些服务，应该给予什么样的销售政策等，都体现出企业的精耕精神。这个销量不是特别突出的渠道，却真实地反映了可口可乐公司"为大于其细"（在细微之处成就大事）的企业文化精髓。

通过对上述各个渠道实行合同化管理，平衡各个渠道的各项奖励政策，在具体执行过程中，严格遵守各项奖励政策，各个渠道各尽其职，在固有的程序和模式监控下运转。

价格体系和促销

（1）价格体系。虽然有年度合同做保障，但销售周期还是按月计算，每月都要明确销售策略和销售计划。在可口可乐公司的业务系统中，每月至少有一次业务计划会，在该会议上，图4-1最常见。

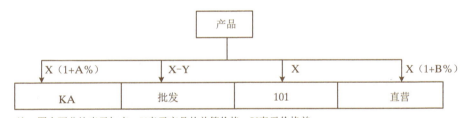

注：图中百分比表示扣点，X表示产品的单箱价格，Y表示价格差

图4-1　各渠道的价格体系

图4-1表明，KA、批发、101和直营四个渠道有可能实现量化的平衡，它们同时反映了每月实施的业务策略必须遵守一条铁律——各个渠道的价格体系平衡。如果本月某个渠道必须打破上个月的价格平衡体系（涨价或降价），那么企业就要重新制定各渠道的价格体系，重新实现平衡。

（2）价格折让。由于可口可乐公司销售的大多数产品是非常成熟的产品，价格透明度高，仅靠平衡的价格体系不能完全吸引客户进货，因此，它经常打破一个价格平衡体系重新建立另一个价格平衡体系,这往往需要明确价格折让方式,如表4-5所示。

表4-5 价格折让方式

KA	批 发	101	直 营
扣点折让	直接调整价格	搭箱折让	搭箱折让

渠道成员心里有一笔账,只要公司改变价格折让方式,他们就会找机会向公司争取更多折让,但公司早就算好账了——让他们都能赚到应该赚到的利润。一方面,公司没有给渠道成员留下"可钻的空子";另一方面,渠道成员也不用担心其他渠道因为价格折让窜货。

（3）渠道促销。渠道促销是许多企业运用得最多、最熟练的销售手段之一,由于手段单一和促销品运用不当,最终促销变成了降价、杀价的手段。可口可乐公司在促销方面的经验有三点:一是严格控制时间;二是由促销政策支持转向生动化陈列活动;三是加大监督和管理力度,避免隐性降价,使渠道促销真正成为获取市场竞争优势的利器,如表4-6所示。

表4-6 渠道促销方式

KA	批 发	101	直 营
堆头	旅游	生动化陈列	关键人奖励
展示	实物	套餐进货	集卡
海报促销	刮卡		桌椅
	集卡		生动化用品

（4）市场活动。除了业务系统能平衡渠道外,市场部连续不断地开展市场活动也能帮助业务部门平衡渠道。业务部门利用市场部的策略开展市场活动,保证渠道平衡。例如,利用新产品上市的机会,适时地将新产品投向重点渠道,使利薄的渠道获得收益;利用灵活多变的生动化手段提高渠道成员的积极性,做好产品展示和陈列工作;利用品牌主题活动帮助某些渠道提

高销量。总之，尽量避免直接使用价格手段，导致不必要的价格战和渠道窜货。

（5）其他手段。可口可乐公司还运用其他手段平衡渠道。例如，用不同的产品调和市区渠道和郊区渠道的平衡矛盾；提高服务质量，提高产品的隐性价值；开展消费者促销活动，从而减轻渠道之间相互竞争的压力；等等。

要点总结

（1）企业要积极主动地管理和调节渠道。市场渠道成员其实没有市场调节能力，他们也不会主动管理市场，企业一定要认识到这一点，积极主动地管理和调节渠道。市场渠道成员经营产品均是商业行为，如果破坏市场规则的操作行为能让他们短期获利，他们就会扰乱市场秩序。企业不要太天真了——依靠渠道成员的力量管理市场，事实上，整治市场秩序、规范渠道管理只能靠企业自己。

（2）平等对待渠道成员，才能真正避免窜货。避免渠道之间恶性竞争和窜货，就必须取消各渠道之间的"阶级差别"，尽量让多渠道变成同一个平台。当然，同一个平台可能会有"阶层"差别，但这种"阶层"差别必须在深入研究后再酌情实施，切不可随意行事。

（3）渠道平衡不仅是价格的平衡。渠道平衡不仅是价格的平衡，还是整个价格体系的平衡。企业必须全面考虑正在销售的所有品牌、所有产品，实施渠道管理时，不仅要考虑各方面的细节，还要跳出具体事务，宏观把控趋势，这样才能获得成功。

（4）注意渠道间的互动影响。渠道平衡其实是多个平衡体系的组合，是一个系统工程，每调整一次渠道策略，都要考虑是否调整所有的渠道成员策略。所以，渠道策略调整绝不是在某个渠道上实施某项措施那么简单，要重点考虑如何调整其他渠道的策略。

（5）同时关注显性利益和隐性利益。企业要同时关注显性利益和隐性利益，不要被客户一直挂在嘴上的显性利益——利润所迷惑。在微利时代，我们更应该关注隐性利益，例如，资金周转率、行业影响力、出货能力、下线客户认可度等。同时，我们还要了解渠道成员对利益的主要诉求，有的放矢地实施渠道平衡策略。

（6）尽量避免大户操作。对大型消费品企业而言，要尽量避免大户操作。即使有大户存在，也要用长远发展策略与其沟通，降低大户的短期操作行为和"短视思路"带来的风险。

4. 如何"砍掉"大经销商

蒋老板一直以某啤酒品牌企业的功臣自居,该品牌啤酒在开疆拓土的时候,蒋老板为企业打开了整个河北衡水地区市场,因此,该市场的产品销售一直由他控制。由于蒋老板也经营白酒,而且白酒的销售市场一般较大,啤酒的销售市场较小,所以他把啤酒的销售市场扩大成了白酒的销售市场,这样,他便向其他市场窜货,甚至砸价。最初,该啤酒企业没有开发周边市场,虽然蒋老板的行为违规了,但也一直没有对其进行惩罚。

随着企业的迅速发展,企业准备寻找新的经销商与蒋老板共同经营衡水市场,并且没有让蒋老板做总代理的打算。结果,蒋老板认为企业不尊重他,窜货、砸价行为变本加厉,联合其他市场的经销商一起对抗企业。该企业的李总经理经过市场考察和深思熟虑后,取消了蒋老板的经销权。

但是,就在李总经理在该市场召开新经销商订货会之际,蒋老板和一些经销商前来闹事,并且拿着一瓶经过"处理"的啤酒,宣称产品质量有问题,还向其他经销商散布"经营该企业的产品会出问题,对消费者不负责任"等言论。

企业在"砍掉"大经销商时，可能会出现双方利益均受损的现象，弄不好还会对簿公堂。"砍掉"大经销商，怎样才能做到好聚好散？这是一个非常棘手的问题，没有绝对的好办法。双方要充分沟通，站在对方的立场上和共同利益角度考虑。

某企业曾经在辽宁某区域市场成功地"砍掉"了不良经销商，让我们看看该企业的区域经理是怎么做的。

周边"围剿"

在开始考虑"砍掉"不良经销商的时候，企业就应该着手寻找合适的经销商替代他们。方法是在周边市场（该不良经销商负责区域市场之外）进行"围剿"，避免最初就产生冲突，从而使企业行动计划搁浅。即使那些不良经销商察觉了，他们也没有理由阻止，只能更加小心。所以，在周边开发新市场和寻找新经销商，是做好废黜原有经销商的前期准备的办法之一。

改革都有阵痛，但是，渠道改革、经销商的甄选不允许因阵痛导致销量下滑。所以，前期做好销量预测，充分测算"砍掉"大经销商可能损失的销量，然后让其他经销商补回销量。找好后备人选，让市场不受影响、让销量稳定，以免被竞争对手抓住机会，这些责任可能都要由区域经理来承担，因此，区域经理一定要在前期做好充分准备。

内部瓦解

为什么现在倒着做渠道、终端导向、深度分销、终端服务等观点这么流行？就是因为它们坚持了为消费者服务的原则，谁能抓住终端，谁就能接近消费者，谁就能获得核心竞争力。

在取消经销商经销权时，同样可以应用该思想：企业应该以各种名义（如帮助经销商提高铺货率、改善生动化管理等）提高对经销商区域终端的服务质量，开展终端的拜访和调查工作，获取终端的资料、销售情况、位置、产品结构、人流量等信息，逐步瓦解经销商的根基。

当然，如果需要取消经销权的经销商本身就是一个传统流通商或"坐商"，从不关注终端，那么操作就更容易了，因为根基不稳是不可能在市场上取得长久经销地位的。

选择新客户

经销商不会轻易让企业"砍掉"他，一旦察觉到企业的风吹草动，他就会想办法"反抗"。让周边经销商暂时顶替他时，企业还要详细研究，做好几手准备。除了心平气和地进行友好商谈外，还要防备经销商因为被企业"砍掉"而做出一些出格的事情。第一步已经走出去了，企业一定要坚持到底，不能犹豫。

企业可从该经销商下线的二级批发商中选择优秀的批发商并提拔他们，或者按选择新经销商的原则选择优秀的经销商。选择合适的，能认真做市场的，有一定的市场开发能力和配送能力的经销商即可，不能按过去只顾实力不顾后果的老方法选择经销商。"只选合适的，不选最大的或最强的"，这是选择经销商应该坚持的原则。

加大促销力度

新经销商需要尽快进入市场，在过渡期开展终端促销活动，以便尽快铺货,将原来经销商的损失销量补上。同时,明确促销政策,让原来的经销商不能利用自己手上的产品窜货、砸价,或将该不良结果控制在最小范围内。如果条件允许,企业还可适当投入一些资源与新经销商一起开产品订货会,吸引客户。在短时间内,使其渠道网络最大化、市场影响力最大化。

消费者促销是区域经理担心销量受影响而采用的与终端促销具有相同目的的"双保险"策略。

更深入的应对措施

前面讲了如何取缔经销商的经销权的步骤和方法,我们还可以采取以下应对措施,圆满解决该类问题。

(1)如果条件允许,企业可授权办事处或联络站协调业务。如果我们并不想让新选择的经销商发展得太快,或者刻意提高其地位,就应该自己进驻这个市场,并在前期共同操作市场。这是前车之鉴,企业一开始就应将自己的管理渗透到市场,便于掌握和控制市场。成立办事处、联络站,派驻更多的业务员分管渠道和终端甚至促销活动,这样被取缔经销权的老经销商就没有扰乱市场的机会了。

这种方法,本质上是改变原来的传统批发方式,由企业进入市场并协助经销商管理市场。这是随着市场变化,企业对渠道的认识逐步深入的结果。

(2)如有可能,帮助老经销商转型。企业取缔老经销商的经销权,主要原因是老经销商在某些方面不能适应市场的发展。我们可以仔细分析,找到与经销商继续合作的某一方面的优势,本质是取缔经销商经销权的方式。例如,让经销商继续配送货物,成为配送商;重新审定资格,先取缔经销权,再共同协商成为某单一品牌的经销商(先下岗,再重新上岗)。

"再见亦是朋友",如果能让被"砍掉"的老经销商脱胎换骨,找到新的合作机会,这是最好的结果,企业应使"砍掉"经销商的风险最小化。

(3)把经销商"空投"到新市场、新区域。每家企业都有一些战略性的重点销量区域市场,也有战略性的重点占有率区域市场,还可能有战略性的重点开拓市场、重点利润市场等。如果老经销商已经不适应重点销量区域市场了,企业可以根据其他市场的发展情况,将其"空投"过去。例如,让他们到其他重点开拓市场(被取缔经销权的经销商往往都是开拓市场的高手)、重点占有率区域市场,让其继续发挥作用。

如果企业现在并没有这种划分,区域经理可以将其投放到相邻区域市场,让其成为开疆拓土的"新元老"。

一般来说,企业并不会直接取缔经销商的经销权,而是让经销商转型。所以,我们要利用企业理念与经销商交流,帮助其进步,这样才能更快、更好地实现目标。

5. 新零售时代，C 端电商已基本定局，电商人怎么办

因为马云的一句话：将来没有电商，只有新零售！很多做电商的朋友懵了：这可让我们这些只会电商，甚至只会 C 端（代表消费者个人用户，Consumer）电商的苦 B 端（代表企业用户和商家，Business）电商人怎么办？我们可是正走在电商的大道上啊！

电商为什么会消失

首先我们要问自己一句：电商为什么会消失？

再问自己一句：电商怎么可能会消失？难道又都全部回到传统的线下商业中去？

其实，电商根本不可能会消失，只是淘宝天猫要转型了而已！

马云将自己当成了电商的唯一代表，并且将自己的问题当作了整个电商

行业的问题。

马云希望将自己的问题当成整个行业的问题，然后让整个电商行业都跟着他走，跟着他的新零售走，这样你始终脱离不了他的"手掌心"，想想是不是这个道理？

新零售的产生，按马云的说法，将来是每个人每个企业都有自己的电商站点，但这个说法其实是有问题的：如果每个人每个企业都有自己的电商站点，那流量从哪里来？还不是要进入他的现有巨大流量的系统中，也就是说你的电商站点的后台还在马云手里，只是给了你一个前端而已。

所以，马云说电商会消失，极有可能会让只做淘宝、天猫平台的电商有一定的危机感，马云要将你们逐渐赶下淘宝天猫，给你一个前台，并且让你去汇集其DT（Data technology，数据处理技术）时代的各种消费信息。

电商不会消失，但平台电商难有出路，或许，这又是上帝关上此门时，给你开的一扇子窗：自营电商。

自营电商的出路在哪里

应该说，自营电商是一个更难的坑，但是迈过这个坑，可能就是一片更广阔的天地。毕竟，原来传统企业可都是自己将产品做好，品牌打造好，客户服务团队打造好，然后招一批又一批的经销商客户，让他们去商场上驰骋，这也就是曾经的渠道为王啊！可是，移动互联的出现，消费者的主权爆发了，技术将消费者推到了你面前，你还在躲躲闪闪，竞争力肯定会失去，市场早晚要被对手抢走了。

自营电商最大的问题是难有流量，以及有了流量后，如何给客户最匹配的优质服务。

同时，自己运营也特别辛苦，付出还不一定有回报。

但是，如果将自营电商当作你传统时代必须招聘的一支销售队伍，你可能就没那么纠结了。你的客户在网上、你的消费者在网上、你的用户在网上，这就是你的市场啊！

自营电商如何解决流量问题？只要我们觉得流量是个宝，并且流量是做电商最重要甚至是唯一的入口，只有具备了这个入口，营销、销售、服务、互动、传播、推广才有可能。那么可能我们下面就要想到的：如何实现电商自营？

社交电商是自营电商的最佳方式

可以说，基本上每个人都在进行移动互联社交，无论是微信、微博、QQ还是贴吧，甚至头条、各种新闻客户端都是。

我们的时间已经基本都被这些占用，如果我们不利用这些时间以及这些用户潜在的消费者资源，我们根本就不可能做出自营电商来。

但是，我们都知道，利用微信朋友圈社交的微商已经算是失败了，遭到了腾讯的封杀。仅靠自建立商城网站等方式，又带不来流量，有可能前期开发商城的工作都做了，但开发流量一事根本就无从做起，怎么做电商呢？

通过社交做电商是基本的也是唯一的自营电商趋势。只是我们在微信朋友圈里、微信群里或各种一对一的陌生打扰，这些都不是未来社交电商的正确方式。在公开的朋友圈、微信群里，基本都是朋友、亲戚、同事，甚至是领导上级还有同行，他们是不适合做电商对象的。

真正的社交电商对象，应是经销商、分销商、铁杆粉丝、已购或潜在消费者。在一定的交易主题下，他们是愿意沟通、交流互动的。这就像你在市中心广场，跟广场上正在闲逛散心的游人说大家都停下来，都来到我的档口来买我的货，这是难以实现的。

但如果你建一个虚拟办公楼，将经销商安置在一楼及各个谈判间，大家一起或一对一洽谈如何经销合作；将终端店老板安置在二楼会议室，企业与老板们共同洽谈协商如何进货，如何促销，你如何服务他们，帮助他们赚钱；三楼是铁杆粉区域，跟他们沟通如何做活动，激活更多的粉丝；四楼是潜在消费者区域，沟通他们将享受到什么好的产品、服务或价格；等等，这才是切实可行的方法。

所以，真正的社交电商，就是要打造一个有组织、有秩序的社交区间，这也是将来自营电商的正确运营方式。

如何打造有效的电商社交系统

既然结构化的电商社交虚拟组织是必需的，那么如何构建呢？

我们还是拿自营电商必不可少的微信来举例子。微信其实已经是一个最大的网上组织，已经有近九亿人在用。当然，这其实就说明了你的客户、用户、消费者、粉丝、盟友等都在这里。只要腾讯公司微信的"池子"中已注册客户名单向你开放，你就能快速建立你自己的完整网上电商客户资源系统。

其实，微信客户池比你想要的流量强大多了，因为微信客户池里全是目标客户或用户，并基本都有合作或购买意向，基本不需要转化。而流量再转化到购买，中间路径很长，转化率很低，这已是大家的共识了。

可是，让微信对你开放他赖以生存的注册人员名单，不可能吧？

其实，虽然主动开放不可能。但客观上是可以的。

微信始终在为实现电商而努力，其实已经有一些接口可以利用。只是如何利用这些接口，如何实现微信为你商业所用，这中间涉及一些专业性的知识。但这就是实现社交电商的法宝与较好方式了。

通过如上路径，将社交有序地建立起来，再配上自己的商城，可一对一、一对多、多对多交流互动，可语音、可文字、可视频，可远程交流，也可现场交流，这些其实与线下交流没有什么实质性区别，如此，你的社交电商就建立起来了。

6. 新零售时代，酒水业何时才能走出全行业电商发展困境

应该说，酒水业也算较早涉及电商操作的行业。

虽然1919、酒仙网均已在新三板上市，但是除这两个商业企业外，诸多酒水厂家却一直在电商运营上出现了"呆滞"之态，甚至还有不少大型酒企对电商特别谨慎，只能由总部谨慎运作，各地分子公司及经销商均不能随便开设电商，否则必遭重罚。

酒水业是较适合做电商的行业

由于白酒、葡萄酒等保质期长且中间价差明显，单支的客单价与利润都还不错，产品本身与个性、情感、文化、社会等多层面表现均有较好关联。除了怕假货外，应该是比较好的电商产品。

加上白酒业原来的代理、经销模式，企业在中间层级都留存了一定的价

差利润，这使产品价格还有一定的下降空间，从而也使电商的去中间化能在行业发生效用。

同时，电商的包装也可定制，能满足消费者网购越来越个性化的需求。我们已经看到，酒水定制虽然不一定是主流，但在电商的舞台上，已经有多家在试水。

另外，白酒消费场所多、场景丰富，电商能较好满足散点式消费特点。这也是行业这几年不断出现一些 App，让消费者随时下单，随时随地能喝酒的原因。

总体来看，酒水业是比较适合电商运营的行业。酒水行业的电商试水其实在十年前就已经开始了，并且现在还存活着，就说明酒水电商仍有深入探讨的必要。

当然，行业不要忘记了酒水的"保真"问题。本身酒水易做假，并且电商的诚信度很重要，如果不能在这个方面保持行业的信誉，让消费者放心购酒，那么酒水电商的发展也不可能长久。

酒水企业如何做电商

还记得酒水行业的关系营销、团购营销吗？其实，酒水业虽然前几年因为国家相关政策等原因，行业原来的权贵消费发展路径被堵，但是酒水的情感、文化、社会属性却是千年不变的。而情感、文化、社交等属性与社交难以割裂。所以，移动互联推动了新时代的社交，移动互联对行业电商的促进也好，对电商发展需要新思考也罢，大胆设想求证与测试，应是非常值得的。

正是因为酒水的社交属性、移动互联首先改变了我们的沟通与社交，所以，我们可否大胆设想一下：社交电商应是酒水行业的厂家去实施电商模式的首选或优选？

我们或许可按以下步骤来操作：

（1）利用移动互联工具的沟通属性，建立社交关系，或者巩固、加强与拓展我们的社交关系。这是我们天天在做的，但做电商，是否就是我们现在这样去构建社交关系呢？这个问题应该还要深入去探讨，或许电商不是我们现在这样的无序社交关系。微信已经发展好多年了，事实已经证明现在的无组织化沟通互动并不适合电商，那么适合电商的社交关系或者说系统，就需要重新构建。

（2）利用一定的社交沟通工具或体系，以及可结构化运营的开发，实现社交与电商的对接。这种对接不应只是简单的物理性对接，而应是社交与电商的有机结合。假如像做微商一样，纯粹靠自己在朋友圈、微信群里发布，或者私信发给目标对象，那么社交电商是难以实现交易的。

（3）利用已开发出来的结构化社交关系，进行代理、经销、终端店、粉丝、消费者分层分级的合作，实现集结化的中间沟通与管理。这就好像我们原来的渠道策略一样，实现销售需要各种政策、方案、手段来支持。

（4）结构化社交以及可区隔性，实现2B与2C均可操作。我们可以解释为：商务社交。这就像一个人可能口才很好，但商务谈判不一定行，并且可能很糟一样。电子商务社交，应是有其基本规则与套路的。也应该说，社交只是建立基本关系与联系，在此基础上，仍需要按照商业的有序套路，进行商业对接、洽谈、交易，而不能随意地认为对接好了，电商交易就实现了。

（5）通过社交关系，进行营销、销售、粉丝、消费者运营的无边界裂变。由于移动社交是链接式的，社交电商最终可通过社交工具进行裂变，产生源源不断的电商交易，三级分销就是裂变的电商，但其一是有直销的嫌疑，二是靠利益驱动，而不是靠社交关系驱动，这样就难有信任的背书。

当然，以上这些都是自营社交电商。在现行情况下，企业也可尝试与一些创新型平台合作，毕竟酒水业在传统渠道上也是多与中间商合作。只是如此会使利润、市场等都难有保障，仍不是长久之计。

社交电商是酒企做电商的必然道路

传统时代，由于信息不对称，厂家可以通过大量的代理商、分销商来进行产品分销，但现在消费者因为移动互联工具，直接站到了你面前，社交电商是必然趋势与结果。

白酒企业线下社交一直很活跃，社交电商需要的运营、价差、利润等都已有良好的基础，情感、文化、社会要素又具备促成更优的社交可能，相信只要了解与体会到了社交电商的内在，酒水业的电商一定会在未来大放异彩，形成非常有活力、生命力的一种新型商业形式。

第五章　新渠道开发与建设

1. 可口可乐新渠道开发带来的启示

我们都说营销是为了发现与满足消费者的需求,但消费者的需求总要"落地",要在消费场所才能得到满足,从企业到消费场所的途径就是渠道。营销人员能够通过一定的营销工具或途径,把握消费者的绝大多数需求。但消费者的需求需要在不同的场合实现,如将喜欢在餐饮场所喝啤酒的习惯带到家里,从而建立新的消费场所,进而找到新渠道。消费者需求在不同环境、不同场所获得满足,将使企业的营销渠道变得越来越复杂。

可口可乐的成功最重要的是品牌的成功,但这个百年品牌仍在全球范围内不断扩张,这与渠道构建和开发有很大关系。可口可乐公司主张产品"无处不在",实际上就是除了深挖渠道外,还要不断地开发新渠道。

健怡可口可乐和专卖店

可口可乐公司把健怡产品放在品牌女装 Esprit 专卖店销售,并把它当成销售渠道,它真实地反映了营销人员开发新渠道的思路与方法。

产品的定位应该是唯一的、不能模仿的、不能跟进的，给消费者留下独到、清晰的记忆。在 Esprit 专卖店里销售健怡产品，使健怡产品的定位更加清晰，即面向收入较高、新潮、注重品位、注重健康与个性的年轻白领。事实证明，绝大多数在 Esprit 店里看到健怡产品展示效果的消费者，也都成了健怡产品的忠实消费者。

这类新渠道开发的基点，实际上就是将产品与消费者细分市场对应，市场定位极具针对性。现在，许多企业开发新渠道，要么利用招商"套"渠道，要么贪大、贪全。如果开发的新渠道不符合企业的产品定位与市场定位，那么就不能给企业带来价值。

启示：能体现企业市场定位的渠道一定是好渠道。

可口可乐玻璃瓶装和"小红帽"配送

"小红帽"是《北京青年报》下属的发行站。在北京地区，可口可乐玻璃瓶装已不是主要的销售包装，即饮包装产品逐渐被 500~600 ml 的塑胶瓶装产品取代。由于玻璃瓶装可口可乐系列产品进入市场较早，拥有一定的消费人群，很少有经销商愿意将玻璃瓶装产品与塑胶瓶装产品放在一起销售与配送，但可口可乐仍想保留该产品而又不想花费太多的精力自己做直销或者协销，怎么办？

玻璃瓶装可口可乐系列产品的消费者主要是较早消费该包装产品的"老"消费者和当场即饮的社区便利型消费者。很明显，这与可口可乐公司其他产品的消费人群有差别。定位不同，渠道肯定不同，可口可乐公司需要重新选择渠道。

可口可乐公司分析后发现，这些消费者聚集在成熟的"老"社区，他们习惯在这些"老"社区里消费，而这些"老"社区里的居民的特点就是通过看报纸获取外界信息，通过自办的报纸配送体系能建立消费者与企业产品的情感联系。

于是，可口可乐公司通过与"小红帽"建立合作关系，针对可口可乐玻璃瓶装产品的主要消费人群开发了一个独特的销售渠道。

只要将新渠道当作"出路"，我们就会发现，"出路"就是消费者，所以，从消费者角度出发建设渠道是正确的选择。

启示：新渠道建设一定要紧扣目标消费者，让目标消费者接受或者满足他们的情感、便利需求的渠道，就是我们要开发的新渠道。

可口可乐冰露水和小卖部

可口可乐公司卖纯净水，看上去是为了实现产品多元化的目标，实际上是为了竞争。当竞争对手以水为主业，想在可乐型饮料领域分一杯羹时，可口可乐公司没有采取直接打压竞争对手产品的策略，而是采用"杀人不见血"的高招，即低价在竞争对手的主要渠道中推出主力产品，从而乱其军心，打击竞争对手的主力产品与可乐型产品。

早在 2001 年年末，可口可乐公司就已经在筹划冰露水产品了。为了打击竞争对手，可口可乐公司采取了非常规手法，如冬季上市、包装颜色与众不同、销售队伍任务与安排重点不同、故意断货销售、特价审批、采取新的考核方式等。在渠道运作方面，可口可乐公司砍掉其他渠道，集中资源于竞争对手的主渠道——传统型终端上。

启示：构建新渠道以竞争对手为参照物，"针尖对麦芒"，用"比附渠道"促进新渠道的产生。

可口可乐冰露水和冷藏品批发商

可口可乐冰露水为了打击竞争对手,不但专门开辟了小卖部渠道,还为了短时间内突破销量,在很多城市开辟了冷藏品批发商渠道。这些批发商主要销售冷藏品,一般都有自己的冷库。

在夏天,很多非室内工作者都喜欢购买或自备内含"冰柱"的水瓶。可口可乐公司的业务系统在讨论渠道计划时发现了这个现象,从而与许多冷藏品批发商建立了合作关系,使销量急剧上升,在某些区域取得了超出原计划四五倍销量的可喜成绩。

启示:很多新渠道要根据消费者的消费习惯或者未被发现的消费习惯开发,善于发现不同的消费习惯,就能发掘不同的新渠道。

可口可乐全品类和网吧

在可口可乐公司原有的渠道体系里,网吧作为直营渠道已经成为可口可乐公司新兴渠道的主力军。网吧从一般的直营渠道之一变成新兴的专门渠道,得益于可口可乐公司对合作共建新渠道的认识。

在各类渠道中,除被称为"MT"的现代渠道商、国际标准超市、大卖场与便利店外,渠道商在企业面前更像一个弱者,这源于它们大多数是个体组织而不是规范化运作的组织。所以,在开发新渠道的过程中,一是新渠道很难自己"冒出来"让企业选择与利用;二是能用的渠道基本上都被用了,很难再发现新的渠道;三是企业没有耐性自己培养新渠道,宁愿给现有渠道让利政策打价格战。企业的浮躁与短视使新渠道开发越来越难。

可口可乐公司先看到互联网的发展前景与未来,进而看到网吧聚集了大量的目标消费者，才将网吧从原来的直营渠道中剥离出来，破天荒地与国内的"小企业"——第九城市合作，共同开发网吧渠道。在双方共同培育这个渠道的过程中，可口可乐公司积累了经验，从而大胆地深入发掘网吧渠道。

启示：企业如果发现某种消费趋势，而渠道尚未成熟，那么企业就要大胆地开发渠道，从而取得竞争对手没有的优势与渠道资源。

可口可乐全品类和网络渠道

尝到了共建渠道的甜头，可口可乐公司又深入一步，按照公司的传播主题，开辟 www.icoke.com 网站，突破了网吧渠道的局限性，将目标消费群体一"网"打尽。

网络渠道没有时空限制，没有现实渠道的长度、宽度与深度的限制，没有现实渠道各层级成员的不同操作手法与思维的限制，成为公司的新渠道。

启示：当人类依靠智慧开辟了一个全新的、与现实多角度接轨的网络渠道时，我们要抓住这个机会，充分利用这个投入少、见效快的公共渠道。

总之，开发新渠道，问题不在于我们的产品好、招商政策好、渠道模式新颖、企业决心大，以及资金雄厚等外在因素，而在于亲近消费者，发现消费者的消费需求，从而发现以前未发现的、独有的渠道资源。企业也要以与渠道共荣、共建、共赢为使命，才能使渠道为其所用。由此可见，开发新渠道，不在于发现，而在于发掘与提升。

2. 啤酒企业如何打通餐饮渠道

众所周知,餐饮渠道是很多酒类企业难啃的骨头,原因有三:一是餐饮店数量多且分散,不利于规划管理;二是餐饮店档次不同,增加了营销操作和渠道运作的难度;三是餐饮渠道产品选择难,从产品的口味、包装、档次到地区差异必须面面俱到。笔者以 A 啤酒公司为例,谈谈如何打通餐饮渠道。

消费者调研是重中之重

许多企业常说他们了解消费者,但他们很少做消费者调研,仅从业务员或者经销商那里了解情况。

A 啤酒公司通过深度分销队伍与市场部合作,做了长达一年的消费者调研工作,了解到餐饮店的很多消费者都是自己点啤酒。在这里,消费者的需求是可以被引导的,这也是餐饮店招聘促销小姐的原因。A 啤酒公司把准了消费者的"脉",打算弥补餐饮店销售这块短板,以便顺利推出餐饮专供酒。

改变经销观念

将餐饮店的老板当成重要的经销商,同时,将店里的服务员当成公司的推销员。将餐饮店老板当成经销商,与正在极力推广的终端场所概念不同,企业要与其签订个性化合同、做个性化促销、明确销量指标。将店里的服务员当成公司的推销员,不只让其推销公司的产品,还要从公司层面出发,在思想和行动上影响他们,多给他们提供培训机会,树立品牌服务意识,让他们有该品牌公司"荣誉员工"的荣誉感。同时,积极创造机会,利用他们的空闲时间,安排他们与公司员工交流,年底时评选优秀的服务员,给予旅游或其他奖励。

在策略方面,利用餐饮店的服务和推荐资源,是餐饮店专项产品推广的重要工作。因为餐饮店的服务员能不遗余力地向消费者介绍新产品,让他们向老消费者推荐产品,是打击竞争对手的重要武器。餐饮店老板作为经销商,有销售指标就有了压力,有年底返利就有了动力。需要说明一点,这不是样板店,而是向区域市场的所有餐饮店推广产品,需要业务员付出更多努力。餐饮专供酒比竞争对手的产品的利润高,对主要从酒水中获利的餐饮店来说,无疑具有巨大的诱惑力。

有效地利用渠道资源

A啤酒公司只选择了二级批发商中部分有餐饮客户的经销商,完全绕过正在转型成为配送商的一级经销商,将渠道扁平化后没在中间链条中损耗掉的利润给了餐饮店。这些获得餐饮经销权的经销商由于获得了"特权",更加努力工作。通过这种方式,渠道变得更"干净"了,即公司逐步将经销商分级，为剔除不合格的经销商打下了基础。

渠道价格体系一直是企业渠道规划和执行中的难点，将渠道扁平化、提高渠道中各个层级的价值，也不失为一个好办法。

产品规划是重要的环节

都说啤酒产品创新难，那是因为企业只从产品角度考虑产品创新的问题，如果从"产品-渠道"组合概念规划新产品，就会有新发现。"产品-渠道"的结合也是对科特勒 4P 理论（即产品、价格、渠道、促销）的应用，目前，很多企业只应用其中的一个因素。

A 啤酒公司采用了精美的、极富吸引力和感染力的包装，采用了原来品牌形象很好，但近年来被忽视、被放弃的子品牌，重新考虑产品定位——新旧嫁接融合策略，不但给新生代产品以新鲜感，也让老消费者重拾记忆。公司在宣传海报和瓶标上专门用大字标注了"餐饮店专供酒"，给消费者带来强烈的视觉冲击。

同时，A 啤酒公司还将原来的 1×24 瓶的大包装改成 1×12 瓶的小包装，便于餐饮店进货，也满足了消费者兴起时整箱消费的需求。

宣传促销

现在，在中小型餐饮店做店牌或灯箱的企业很多，但在店内贴海报、挂宣传镜框画、提供经营服务的酒类企业比较少，即使贴海报也是一年贴一两次，平时没人管。

A 啤酒公司看到了其他企业的这个弱点，大胆尝试不做大规模的上市推广活动，只让业务员在两天内完成铺货工作，将海报张贴到位，以口头形式全面传达上市信息。业务员将海报、宣传镜框画贴遍了所有的目标餐饮店，在部分餐饮店外悬挂醒目的横幅。这样，没有投入过多资源的 A 啤酒公司达到了预期的宣传效果。

餐饮渠道不同于其他渠道，消费者在一个封闭空间里消费，虽然有被当成"上帝"的感觉，但仍处于被动地位（餐饮店不允许消费者自带酒水）。消费者在餐饮店消费的时候，经常无意识地接受服务员的推荐。只要像 A 啤酒公司一样，认可餐饮店老板和服务员是最好的推销人员，同时认识到餐饮店的消费习惯与其他消费场所不同，那么，企业就有可能在餐饮店里专门推广一个产品，像 A 啤酒公司的产品一样，卖得非常好。

3. 用户不增长，业绩还能提升吗

真的要用户不断增长，才能提升业绩吗？

很显然，绝大部分企业的用户是很难增长的；即使是一些 2C 的创业型公司，用户基本只是一下子爆发性增长，但随着新鲜感一过或者使用体验等问题，打开率、转化率、购买率都极低，业绩还是非常难看。

用户是真正掏钱买单实现你业绩的人。他们不增长，如何提升业绩？

业绩到底是怎么来的

十年前，业绩是通过区域拓展、渠道拓展而横向增长来的。

五年前，是通过精细化运作，深挖渠道与用户，纵向增长而来的。

现在，用户不增长，业绩同样来自渠道拓展+精细化运作。

十多年前金焕民老师写了一篇题为"不做品牌做销量"的文章，当时这篇文章在营销界非常火，前些日子在有金老师的微信群里，大家还在谈论"做销量"这个话题。

现在还是这样吗？原来的企业做品牌，仅仅希望在消费者脑中产生一种印象，所以做广告是最好的方式，那个年代，靠吸引眼球就能做出品牌。而现在，品牌概念以及做品牌的手段都发生了变化，品牌更是难以打造。由于品牌的范畴、释义、打造方式方法以及工具都产生了巨变，所以就更是要不做品牌做销量了。

渠道拓展遇到瓶颈

首先，传统渠道商已经水深火热了。

其次，互联网渠道如综合电商平台，一上去就成了它砧板上的肉，各种费用让商家苦不堪言。

垂直电商平台，它的赢利模式并不突出，新渠道也还在摸索与成长中。

B2B电商平台，基本上是由经销商演化出来的新渠道，投入成本大，运营难度高，也是要谨慎参与的。

做微商？好像微商还是不明朗，总是在朋友圈里晒产品向朋友们推销，如果没敞开到非熟人层面，这种微商也是做不下去的。

自己建平台，这也是小概率成功事件啊。

渠道拓展，现在只能作各种尝试与学习，以及在过程中摸索与交流。

从以上可以看出，曾经在中国火了一二十年的渠道为王、终端为王，是遇到瓶颈了！

任何时代，不忘精细化运作

精进式创新不如颠覆式创新，这是在变革时代，大型企业或传统企业都将面临的问题，而它们都是精进式创新的极致高手。

毕竟真正能实现颠覆式（破坏式）创新的只是极少的一小撮人与企业。除此之外，除了精进式改进，别无他法。

移动互联时代的到来，使精进式改进也有了巨大的机会。

（1）人与人之间的沟通变了，基于沟通的产品开发、消费者沟通与服务、上下级沟通及管理手段、客户沟通管理方式就有可能更好了。

（2）在没法找到更好的发展轨道时，在现有轨道并非逆历史而行的情况下，进行精进式发展。

如何精进

精进，在移动互联时代，已经不再是将原来的品牌、渠道建设按照老路子再往前推进一步的方式了。因为我们"不能用产生问题时候的思路来解决问题"。在移动互联时代，一切企业经营管理的基础条件都发生了改变，所有的营销方式、方法、手段可能在打散重构之时，更需要先找到自己的正确发展道路。所谓道、法、术、器，首先是基于道的正确认识与实现。

（1）什么是移动时代正确的道呢？融合之道是也。不可能坚守原来的传统营销老路，而移动互联也有一定的局限性。消费者的需求范畴不变，但需求的具体内容可能已经发生了变化。在产品满足消费需求这个传统概念基础上，如何融合移动端、电商、新型营销工具、新型销售手段，企业要下足功夫。

（2）对目标消费者精进了解。在传统时代，营销、销售教父级企业可口可乐、宝洁等，可以说他们相当了解消费者，但在移动互联时代，这还远远不够。移动互联时代，市场部的一切工作就应通过移动互联的沟通、互动方式，与消费者沟通，了解他们，观察他们，掌握他们真正的、喜闻乐见的产品购买与消费方式。这方面的精进，谁先下手、谁先掌握，谁将永久受益。

（3）产品精进开发与营销。上面说到可口可乐、宝洁在移动互联时代与消费者沟通不足，这也就表示，产品本身其实也不足。抱着"认识大于事实"的理念，进行广告宣传轰炸与消费者教育，这在一定程度上成就了他们。可是在移动互联时代，认知必须基本等于事实，这使企业开发产品更难。企业必须与消费者进行精进式的沟通与互动，才能生产出满足消费者需求的产品。

（4）渠道精进运作。前面说到移动互联的去中间化特点，让企业的单向渠道建设遇到前所未有的困难。所以，"小道若渠"的法则将被重提到重要精进的工作日程。每个渠道、每个平台（以前可不提平台）可能都要展开精进式合作。在各种渠道开发、合作的过程中，逐步形成自己的渠道体系。

（5）精进营销与推广。突然发现，各种营销、推广、传播失灵了，手段都集中在微信、微博上，大家条件均等，谁都很难取得出彩的营销、推广、传播效果。所以，"内容"就被大家提到了极其重要的位置。而打造好的内容，那就需要比原来精进五至十倍的努力，因为现在任何的内容营销、内容推广、内容传播，目标受众都是可直接投票与点赞的。

（6）精进人员与管理。"90后"工作，基本不再以谋生为工作理由，所以管理他们不能只是考核、KPI（这也就是不少企业叫嚣去KPI的原因）。他们需要管理者以更多角色如导师、兄长、朋友等引领他们，而不只是对他们发号施令。这些都将考验一个企业与管理者更精进地了解他们的程度，以及管理方式、方法以及手段。

4. 新零售时代，转型做服务是经销商的好出路吗

或者因为电商的冲击，或者自己也想转型做点传统经销之外的事情，或者也想升级一下自己……总之，近年来不断有经销商转型到中间服务商的行业中来。也就是说，从原来的卖货商，增加或调整一些市场服务。

经销商为什么要找出路

传统经销商的分销定义是：集结各厂家的产品，再分流销售到各下级客户或终端处。

对于传统经销商，传统经销及企业对其要求的功能主要是：当地的渠道资源以及物流、资金流。

在传统的概念中，很多认识是：经销商是渠道的起始端，所以企业将市场销售、营销、服务放置在经销商那里，可是很多经销商并没有开拓市场、

商业洽谈、营销与传播、销售精细化的执行能力，这就促成了深度分销的产生。

深度分销的实施，就是企业将自己当作渠道的起始端，应该承担部分渠道职责，如商流、信息流、管理流等，而经销商基本只承担物流与资金流的角色了。经销商在传统时代，从最开始供不应求的时代——企业招商招代理的好日子，慢慢转变为被企业阉割的一个角色，再到后来的分销协作时代，慢慢恢复了点元气。而此时，长年的操作已经使产品基本无盈利可言，还得掘地三尺去做市场，而更不可接受的是价格越来越透明，几乎无利润可言了。

正在经销商身处水深火热之时，移动互联时代来了。在移动互联时代，一切商业方式、方法、工具都可能在打散重构。或许，经销商认为他们找出路、弯道超车的时机到了。

中间服务商的特点

中间服务商，用流行语说得通俗点，就是B2B。只不过B2B电商为更多人所熟悉。其实B2B电商就是B2B的一种。

应该说B2B包括中间服务商和中间电商。

中间服务商有何特点呢？

（1）要承担更多的功能类型。

（2）可能有一定的资源，但往往缺乏能力，且难以培养。

（3）惯性成本高。

（4）系统性运作，并且移动互联的系统打造能力很重要。

当然，在移动互联时代，由于并无多少经验可循，都要靠自己摸索，所以，这种探索成本可能也很高。

中间服务商的道路是光明的,但也是非常曲折的

在传统行业,经销商转型做中间服务商,可以说,企业不屑做或者可能也做不了,经销商原来就是中间产品的流通商,有一定的基础。但转型做服务商,确实对经销商的挑战很大。我们期待经销商的转型成功案例出现。

第六章　产品管理、促销管理

1. 新产品上市前，如何做好市场调查

新产品上市是很多企业获取利润、调整产品结构和应对竞争的好时机。我们发现，很多企业的新产品上市强调速度，没有完善的新产品上市计划，更谈不上在新产品上市前做好市场调查，结果是新产品还没上市就埋下了失败的伏笔。

某啤酒公司计划在东北某区域市场推广新产品，以下是该新产品上市方案的部分内容。

上市目的：在不超出预算的基础上增加销量，进而提高公司的边际效益。

上市区域：城区周边市场。

上市原因：城区周边市场消费水平低，认可低价位产品。公司将原来的低价位产品提价后，这个档次的产品处于空白状态。

上市品牌：××8度。

上市价格：××元。

上市包装：普通包装。

上市规格：普通规格。

上市铺货策略：每进货 50 箱发放一张奖卡，包括 5 箱、2 箱、1 箱、无奖励等几个档次。

在这个方案中，公司想当然地认为，消费者将沿用以前的产品消费方式，肯定能接受新产品，并且认为经济水平是唯一决定因素。其实，产品已经变了，啤酒的酒精度从原来的 10 度变成了 8 度；品牌也变了，从原来的主品牌变成了副品牌，这些改变并未考虑消费者的认知情况。

国内企业在市场调查中存在的问题

国内企业的新产品上市调查存在以下几个问题：

（1）不成体系，没有统一的报告标准，无法综合分析情况，发现一个问题就解决一个问题，甚至"拍脑袋"做决策，根本不做市场调查。

（2）企业把注意力放在观察竞争对手做什么促销活动上，并将其当作新产品上市的分析依据。事实上，市场调查的主导思想应该是以消费者需求为导向，而不是以竞争为导向。否则，企业容易陷入恶性竞争。这是导致很多企业新产品上市失败或者无效益的重要原因。

（3）市场部与销售部脱节，没有有效协作。新产品上市的市场调查应该是市场部与销售部共同组成一个项目小组，经常在一起工作或交流工作。

新产品成功上市是提高销量的有效途径，很多业务员却害怕新产品上市，原因如下：

（1）销量指标会提高。

（2）新产品上市如果不成功，他们要解决很多遗留问题。

（3）新产品上市不成功还有可能打击经销商的积极性，甚至影响老产品的销量。

业务员的担忧很大程度上是新产品上市前市场调查不充分造成的。所以，企业一定要做好新产品上市的市场调查。

如何调查消费者

企业要细分消费群体，就要研究人文因素、地理因素、心理特征和消费行为这四个指标。企业要筛选该市场消费者的关键因素，例如经济条件、家庭结构、利益诉求、购买频率、个性、偏好等，然后根据这些关键因素进行调查，最终了解消费者想要什么。知道消费者想要什么，我们才能给他们提供什么——这是新产品上市调查的一条铁律。

很多时候，市场调查是为了细分市场，而细分市场是为了满足销售业务开发的需要。选择一个有开发价值的细分市场，其前提是消费者需求的多元化——不同细分市场的消费者需要不同的产品。

首先，由市场人员设计调查问卷；其次，由市场部对业务员进行专门的调查培训；最后，由业务员在其正常的业务拜访过程中，针对自己区域市场的所有样本店进行全面的入店访问调查。这样，将消费者信息汇总起来，才能得到最真实、最全面的调查结果。

如何调查市场环境

一般来说，市场环境主要包括市场容量、相关品牌的市场占有率等指标。在市场容量调查方面，很多企业经常靠"估计"得出结果。有的企业虽然知道现在的市场总销量，但对这个市场还有多少销售空间没概念，盲目地进入市场最终会无功而返。

笔者在给企业做培训时，谈到市场容量，在现场做测试，结果表明，培训现场没有人对自己"估计"出的市场容量充满信心。因为没有人对市场容量做过真正的调查，没有人知道这个市场到底还有多大的销量空间。

了解相关品牌的市场占有率是做出市场决策的基本依据，市场占有率是企业竞争力、竞争地位的集中体现。很多企业在实行深度分销或直销模式后，每周甚至每天分析企业产品的市场占有率，但并不清楚其他企业产品的市场占有率。因此，在新产品上市之前，企业需要在经销商层面和终端层面调查相关品牌的市场占有率，这是新产品上市市场调查的基本内容。

如何调查竞争对手

竞争对手调查的内容包括竞争对手的情况、市场操作情况，以及市场表现等。

调查竞争对手的情况，主要是与自己的相关调查项目匹配，这样最有利于进行对比分析，得出有针对性的策略和方法。调查竞争对手关键不在于信息多，而在于能够对比，这反映了市场分析的方法——对比法。很多时候，一线业务员对竞争对手的调查仅处于表面阶段，并不了解竞争对手采取策略的动机，或者不了解竞争对手成功的真正原因是什么。

可口可乐公司的"酷儿"产品上市取得了巨大成功，原因是可口可乐公司对竞争对手做了深入的调查。可口可乐公司通过对比分析竞争对手的相关情况，明确自身产品在哪些方面存在差距，在哪些方面具有优势，哪些方面需加强和推广，哪些方面要避让；最终确定将5～12岁小孩作为目标消费者，避开竞争对手的年轻女性目标消费者;开展角色营销,避免与已经获得领先优势的竞争对手正面交锋,实现差异化营销;不打价格战,实施高定位、高价位策略,突显国际品牌的优势……

一线业务员既是订单的缔结者,又是市场服务者、信息收集者。所以,新产品上市需要一线业务员配合市场部一起做好市场调查。

2. 新产品回转率不高，怎么办

张经理所在的区域市场最近推出了一个新产品，铺了几次货之后，产品回转率一直不高。公司领导来视察市场，看到产品销量"半死不活"的样子，对张经理很不满，可张经理也没有什么好办法。

张经理带领导到一家餐饮店调查，餐饮店老板说："你们企业的产品肯定卖不好，一是价格比竞争对手高，消费者不愿意多花钱买你们企业的产品；二是你们企业的产品的知名度不如竞争对手高。"最后，老板差点儿将张经理和领导赶出去，说："我们餐饮店不欢迎'不叫好不叫座'的新产品。"

新产品上市后，不但要看铺货率，还要看铺货后的二次回转率，因为它真正体现了渠道经销商和消费者的接受度。新产品回转率不高并不代表消费者不认可产品，也可能是消费者没有机会接触到新产品。如果产品本身没问题，企业如何提高回转率呢？

有效传播

除了市场部的广告媒体进行报道、传播外，业务部门也要向消费者宣传。

例如，在消费者的消费场所提供生动化服务，让经销商和终端老板积极推荐新产品，甚至是开展新一轮的铺货和定点爆破式的终端拓展、维护工作，让消费者最大限度地接触和了解产品。

很多企业只重视电视等媒体，希望通过一个广告就让产品"天下尽知"，而忽视了产品在终端有序、整齐、干净、醒目、大范围的展示工作。舒蕾洗发水的终端拦截就是一个很好的例子，它让消费者时刻感受到舒蕾的存在，从国际大品牌的"眼皮底下"抢走了市场份额，创造了国内洗发水品牌战胜国际洗发水品牌的奇迹。

经营康师傅系列产品的顶新集团，曾经在新产品回转率不高的情况下暂停铺货，在每个终端做生动化陈列工作，例如，贴海报、招贴画、横幅等，让消费者看到这些与产品有关的东西后购买产品。

鼓励经销商和终端传播新产品是一个借船出海的营销高招。可口可乐公司的冰露水上市时，在满足经销商利益的同时，鼓励经销商和终端主动向消费者推销该产品，他们甚至将其他品牌的纯净水"藏起来"。

在啤酒行业，如果产品回转率不高，很多企业就会采取封锁策略：自己企业产品回转率不高，就先把竞争对手的产品清理掉，即所谓的"锁店"——让竞争对手的产品退场。企业如果不能引导消费者，就要从竞争对手那里下手，让消费者别无选择，这样做也能提高产品和回转率。

价格体系不合理

新产品回转率不高可能是新产品的价格体系有问题，各级渠道成员的利润空间不合理，需要企业调整价格体系。

如果终端店主或经销商的利润设计得不合理，他们就不愿意销售或主动推销企业产品。在产品差异不大的情况下，经销商和终端店主只关注利润和流通速度。新产品在流通速度方面很难占优势，如果新产品与竞争对手的产品相比，没有利润优势，企业就必须推出积极的促销政策，提高经销商和终端店主推销新产品的积极性。

北京某公园在旅游旺季时纯净水销量很大，即使是流动售货车的销量也很大。该公园总共有六七十个销售点。几个纯净水企业分别推出了各自的新产品，每家企业都向该公园铺货，但是只有一家企业的产品回转率高，其他企业铺完货后就再也没有进行第二次铺货。为什么？因为这家企业为经销商和终端店主设计了合理的利润空间。

这并不是让企业攀比投入费用，而是提醒企业要关注价格体系，很多企业的价格体系都有问题。例如，铺货政策被经销商截留，终端没有积极性；对终端的投入多了，经销商获利就少了。因此，业务员要做好市场信息反馈工作，让企业决策者能够尽快了解到这些问题并及时调整策略。

加强铺货力度

经销商和终端如果不主动推广新产品，企业就要加强铺货力度。

很多企业认为，铺货就是产品下生产线后让经销商大量进货，或者是在拓展业务的过程中，抽时间到终端做推销，至于后来的效果如何，就看经销商和终端自然销售的情况了。这是产品铺货的误区。

铺货不是将产品铺到经销商的仓库里，而是要铺到消费者的眼前或心中。很多时候，产品如果没有铺到消费者眼前，就是无效的铺货，还要继续加强铺货力度：让经销商将产品铺到终端；让终端将产品陈列出来，让消费者了解产品；让企业的业务队伍在第一轮铺货后再进行跟踪、补货等。这些都是新产品第一次铺货时要做的重点工作，切忌对新产品不管不顾，让新产品在市场上自生自灭。

此外，还要做好经销商的沟通工作，让他们了解新产品能给他们带来的利益，以及新产品上市失败对他们的影响，尽量加强他们推广新产品的意愿。

主动反击

竞争对手是不会对企业的新产品坐视不管的，它们希望一举打压企业的新产品，让新产品永远不能翻身。如果竞争对手采取对策打压新产品，企业就要在战略上重视它，在战术上灵活应对，不能仓促迎战。

做好分析和研究很重要，企业不要在没有做调研的情况下就轻信竞争对手的市场造势信息，切不可在不知道竞争对手的实际动机及实际行动的情况下就轻易地反击。企业一定要了解竞争对手的实际打压能力、打压效果、可能持续的时间。例如，竞争对手会用更多投入、更大力度的销售政策打压新产品，但有时是"雷声大，雨点小"。如果竞争对手的促销力度确实很大、势头很猛，企业就要想尽一切办法反击。

竞争对手还可能对新产品带来负面影响，例如，散布产品质量不好、档次低、偷工减料、原材料低劣、没有卖点等负面信息。不但通过业务员口头宣传，还暗中通过媒体传播，甚至故意制造一些所谓的内幕新闻，丑化新产品的形象。这时，企业除加强正面宣传外，还要在终端反击竞争对手，要让事实说话、让产品说话、让消费者口碑传播，在消费者这里设置防护墙，让其在购买产品时不受负面信息影响。

开展市场活动

很多时候,新产品回转率不高,是消费者对新产品的认知还没达到临界点,此时,最好开展一个有主题的品牌活动来挽救局面。

所谓主题活动,就是企业找到一个推广点,围绕消费者、渠道经销商、广告媒介等推广、宣传、推销新产品,让消费者尝试购买或彻底接受新产品。

一些外资大型企业经常采用主题活动推广新产品,例如,路演、超市堆头促销、终端生动化促销等。如果这些活动执行到位,给消费者留下了深刻的印象,产品回转率不高的问题也就解决了。

新产品回转率不高,业务部与市场部需要高度配合,就像一个孩子的父母,都对孩子的茁壮成长负有责任。所以,多沟通、多配合、准备充分、不懈怠是解决新产品回转率不高问题的重要原则。

3. 案例：冰露水上市的渠道运作

在大多数人眼中，可口可乐公司是一家擅长品牌运作的公司，经常通过品牌运作创造销售奇迹，但冰露水在北京市场上市时，打破了这一惯例。

冰露水在北京市场上市，没有投入一分钱的市场费用，在实际执行中，也没花一分钱培植品牌，完全依靠渠道运作。在2001年12月底上市的冰露水，冲破了几大竞争品牌巨头的市场封锁，迅速提高销量。冰露水的上市使瓶装纯净水市场整体价格至少下降了3元/箱，几大竞争品牌巨头不得不重新推出低价的新产品以维护市场稳定。

这是北京可口可乐公司第一次利用业务部门操作新品牌的上市和销售，并且取得了销售奇迹——冰露水的实际销量是原计划销量的3倍。

在北京可口可乐公司成熟的22条渠道中，业务部门扬长避短，发挥渠道运作的优势，确定冰露水上市的主渠道并舍弃其他渠道，这的确需要魄力。

上市前的市场环境

北京市的瓶装纯净水市场一直由几大品牌主宰,这几大品牌的企业都是专业瓶装水制造商,有多年的市场操作经验,而此时的可口可乐公司在中国只有"天与地"矿物质水一个品牌。

从表6-1可以看出,某些竞争产品的市场覆盖率已达到垄断程度,市场占有率遥遥领先。这表明,冰露水上市的最大劣势是流通渠道基础薄弱。如果依靠可口可乐公司其他成功品牌的优势进行搭售或硬性派任务给经销商,极有可能因投入周期过长而错过销售旺季。在强大的竞争对手面前,冰露水几乎是"零势品牌",如果依靠短期内狙击其他竞争产品成熟的流通渠道获得市场份额,可能会招来竞争对手疯狂的打击和封锁。

表6-1 竞争产品的市场覆盖率和市场占有率

竞争产品	市场覆盖率	市场占有率
A	>90%	>55%
B	>75%	>25%
C	>60%	>10%

表6-2是竞争对手状况表。

表6-2 竞争对手状况表

竞争产品	产品容量	产品包装色	价格	渠道	促销
A	<600ml	红	>20元/箱	批发流通渠道	低值渠道促销
B	<600ml	蓝	>20元/箱	批发流通渠道	低值渠道促销
C	<600ml		>20元/箱	批发流通渠道	低值渠道促销

(1)瓶装水是市民消费品,大容量产品受大众欢迎,而竞争产品均是低于600ml的产品,采用可口可乐公司经常运用的大包装产品操作方式,应该有机会获得消费者的青睐。

(2)零售终端陈列在可口可乐公司的销售策略中一直占据重要地位,

产品外包装主体颜色既与对手的产品相似又有所区别。

（3）我们考虑的渠道价格问题主要是每级渠道成员获得的利润（价差），这有利于提高各级渠道成员的积极性。同时，我们希望产品渠道流通价格能比对手稍微低一点，以便使消费者感到物超所值。

（4）竞争对手在瓶装水市场上多年的流通渠道运作经验和资源，是冰露水上市的巨大障碍，但可口可乐公司的渠道系统也有独到之处：通过业务系统而非市场系统推广该品牌。

（5）可口可乐公司从不利用促销活动变相降价，这种优势一定要在冰露水上市时发挥出来。

可口可乐公司推出的任何一个品牌，绝不会以"当年站稳脚跟，明年或后年取得一定成绩"为目标，每个新产品的计划书必须标明：实现同类产品市场占有率排行榜第×位（×是指前三位）的目标。

破题：渠道"斩径"上市

冰露水既不能全部直销，又不能与竞争对手强大稳固的流通渠道抗争，还要充分发挥自身的优势……最后，可口可乐公司确定了"斩径"的渠道运用思路——改变以前全渠道上市的方式，聚焦一个渠道，如表6-3所示。

表6-3　冰露水的市场信息

产　品	产品容量	产品包装色	价　格	渠　道	促　销
冰露	600ml（低值产品如加大包装，更物超所值）	绿（陈列位置上的绿、红、蓝，易于产生联想）	<20元/箱（战斗品牌价格必须具有挑战性，体现竞争优势）	先铺货，零售点牵引渠道进货销售（缩减渠道流通层级，能加大各级成员获得利润，能有益消费者）	灵活促销（不让促销变成降价，保护品牌，促进销售）

渠道具体操作方式包括：缩短冰露水在市场上的流通路径，尽可能实现一级渠道流通，并且保证控制该级渠道，业务员完全掌握产品的流向；除年底返利外，基本实现产品从企业到零售终端平进平出；没有市场投入费用，所有的销售推力和拉力均汇集到零售终端。所以，在渠道甄选及运用上，可口可乐公司最终选择单渠道运作，并杜绝"泡大户"，进行精细化的、尽量缩短与终端接触的渠道运作方式。

北京某大型企业的纯净水 D 品牌，曾号称北京第一品牌，沉寂几年后想东山再起。该企业下定决心，一定要将曾经失去的市场夺回来。它采取了对超市渠道、批发渠道、零售渠道全面出击，大投入、不计成本式的销售方式。但可口可乐公司抓住了它的渠道软肋，如表 6-4 所示。

表 6-4　可口可乐公司对 D 品牌渠道的应对策略

D 品牌渠道	渠 道 策 略	弱　　点	可口可乐公司应对策略
超市渠道	选取十大超市所有门店，进行产品堆头；同时进价折扣十赠三	超市直接将折扣变成降价；超市堆头需要大量电视广告和生动化用品支持	先放弃，冰露已经被卖火的时候再在超市推出
批发渠道	进货达一百箱并在批发市场门店进行产品堆头，折扣十赠四	大批发商不会主动推广新品牌；对高利润低销量产品他们一般稳着卖，临期卖不掉再找厂家要条件处理	先放弃，等批发商被下线客户吵着要货的时候现给他们
零售终端	货架摆五瓶赠一瓶	好方式，但执行不到位，反而使终端老板怨声载道	先用销售利润（价差）吸引他们销售，然后再做摆赠

执行：<u>丝丝入扣</u>

在可口可乐公司，产品销售不只是销售部的工作，还是全公司所有员工应尽的义务。通过业务部和市场部全体人员的努力，冰露水几乎在一夜之间遍布北京的零售终端。

（1）选择渠道和经销商。根据"斩径"这种清晰的渠道选择方针和对竞争对手渠道状况做深入的分析，可口可乐公司找到了最合适自己的、与消费者距离最近的上市渠道——101 渠道，如表 6-5 所示。零售终端成为承担销售产品和市场表现双重功能的载体，零售终端老板也在无形之中成为冰露水的铁杆推销员。

其实，在产品下生产线时，可口可乐公司已经将部分产品铺到敢于第一个吃螃蟹的 101 渠道客户的仓库里，这说明 101 渠道合作伙伴有合作意识，他们看到了自己的优势。

表6-5 可口可乐公司选择101渠道

类别	运输	服务	利润	掌控	布局
条件	（1）最靠近售点的 （2）最有小批量运输能力的 （3）市区运输灵便，没有交通限制的 （4）公司已提供送货工具的	（1）最快捷的 （2）与售点有良好稳固客情的	（1）能达成按进货价进行出货，不扰乱市场价格体系的 （2）能最大缩短渠道层级，一级便可到终端售点的	（1）业代服务，最能被掌控的 （2）出货途径最明朗的	（1）区域布局合理的 （2）能迅速覆盖目标市场的
最符合条件成员	合作伙伴	合作伙伴	合作伙伴	合作伙伴	合作伙伴
结论	101 合作伙伴				

（2）开发终端可利用资源。由于渠道成员中只有零售终端老板能赚取一定的利润，而 101 渠道合作伙伴的产品平进平出，只赚取配送费用，所以冰露水在流通到零售终端之前，没有产生任何渠道利润"损耗"。零售终端老板通过计算发现，销售冰露水比销售竞争对手的产品划算得多，这样，零售终端老板无形中又成了公司的业务员，主动为可口可乐公司推销冰露水。他们将冰露水摆在最显眼的位置上，有的零售终端老板甚至只陈列冰露水一

种产品,他们用所有的冰柜冰冻冰露水,并向消费者极力推荐冰露水,这是冰露水能够迅速旺销的原因。

(3)渠道促销,激活所有渠道。由于没有品牌推广费用,产品在最初进入市场时,除了"可口可乐公司荣誉出品"几个略显醒目的字外,渠道成员并不能真正感知到冰露水给他们带来的利益。在没有真正进入下线零售终端之前,渠道成员无法计算利润,特别是101渠道合作伙伴,在产品销售进入正常销售阶段,在价格上只能平进平出,不能从价差上获利,吸引他们进货的因素只能是渠道促销手段。为此,可口可乐公司在适当的时候推出了以下几项渠道促销,如表6-6所示。在具体运作时,充分考虑了时间差因素,不但使货物不在渠道滞销,还刺激了其他渠道成员进货的积极性。

表6-6 可口可乐公司的渠道促销策略

时 段	对 象	促 销 力 度
开始将货铺给合作伙伴时	合作伙伴	买×箱赠1箱等
渠道上的良好销售反应到大批,大批想时货时	大批发商	买2×箱赠1箱等
货源充足并旺销时	其他渠道的客户	特殊价格申请

4. 促销创新的原点

促销创新似乎将营销人员推到"耍鬼点子"的道路上，似乎有好点子才能举办更好的促销活动。然而，促销创新不仅是出好点子，还是加深促销活动与产品、价格、渠道和消费者的沟通。促销创新远远不是灵光乍现的好点子，而是一个系统工程。

深度开发产品的内涵

促销虽然无处不在，但针对各自产品特性的促销活动很少，深度开发产品的内涵成了促销创新不可或缺的步骤。

翻开一些大超市的 DM（直邮广告），写满了"买××赠××""促销价""优惠价"，这说明很多促销活动实质上是直接降价或变相降价，这是促销未能与产品建立联系的表现。

可口可乐公司的"酷儿"产品在北京上市时，由于产品定位是带有神秘配方的 5~12 岁小孩喝的果汁，价格也比果汁饮料市场领导品牌高出 20%。

在竞争激烈、新产品层出不穷的市场环境下，首次铺货后，产品周转速度慢，很多业务系统员工强烈要求将产品降价促销，与市场果汁饮料领导品牌抗衡。

市场部经过研究，顶住了强大的销售压力，走出了促销创新的新路子。既然酷儿产品上市采用"角色营销"的方式，在促销方面就采用"角色促销"——酷儿玩偶进课堂，派送酷儿饮料和文具盒；买酷儿饮料赠送酷儿玩偶；在麦当劳吃儿童乐园餐送酷儿饮料和礼品；开展酷儿幸运树抽奖活动；开展酷儿脸谱收集活动；举办酷儿路演；等等。

在这里，其他的果汁产品能采用同样的促销方式吗？答案是否定的。许多企业在做促销活动时，根本不考虑自己的产品是什么、有什么特点，只是变相地在价格上做文章。如果有针对性地找到产品的特性，就不会陷入促销的常规惯性思维，反而会大胆地开展促销创新活动。

渠道成员联动

促销创新必须考虑到渠道各级成员是一条价值链，成员之间是相互联动的。

这里不得不提到啤酒行业的"促销毒药"——瓶盖有奖促销。它考虑到了促销的几个重要因素：时效性、消费者促销与渠道促销、隐蔽性，抓住了消费者的博彩心理。

（1）从消费者角度说，通过设计合理的中奖率，吸引消费者，让消费者真正得到实惠并且有被企业关注的感觉。

（2）从企业角度说，通过不断调整中奖率适应消费者不断变化的消费行为，使投入效果、促销效果最大化。

（3）从流通渠道角度说，流通渠道成员有刮卡进货的奖励，但刮卡的奖励数量是未知的，奖励有大有小，这对渠道成员产生很强的刺激感。流通渠道成员可通过对促销活动的管理和服务（例如，收集瓶盖或者监控促销产品流向等）获得相应的服务奖励，充分调动了流通渠道成员的积极性。

（4）从小卖部或餐饮店等终端商角度说，瓶盖有奖能让消费者在该终端消费更多的产品，产生更多的效益，有的餐饮店还将瓶盖费用当作服务员的福利或工资，降低了业主的经营成本。

这条价值链上的所有成员都能通过瓶盖获得厂家促销活动带来的价值，而企业通过瓶盖提高了从中间商、终端商到消费者所有层级的渠道成员的进货量或消费量。

有的企业管理者要求执行人员拿回"铁证"——中奖的瓶盖，它比发票、收据、回执、收条等更能让管理者信服。产品只有被消费者消费了，促销活动才算完成，这是所有促销活动追求的理想效果。

（5）促销创新与渠道价值链关系密切。很多企业做促销只抓住了渠道的一个点，无法将促销活动有效传达并且提高促销效果。其他层级渠道有可能出现促销负效应——不支持或者抵制促销活动。

所以，企业在开展促销创新时，要想想能否通过渠道价值链的联动取得最佳的促销活动效果。促销创新要找到能让渠道价值链价值最大化的方法，不能只考虑一个"点"，而要考虑一条完整的"链"。

小心维护价格

很多企业把价格当作战无不胜的促销工具，但大家都知道这是一把"双刃剑"——刺伤了别人，自己也不会好过。

某企业进入一个垄断市场，在强大的竞争对手采取低价促销的情况下，销量和利润受到了极大的影响，该企业决定孤注一掷——保证利润。

于是，该区域市场的销售经理大胆地提高产品价格，同时，开展渠道促销活动（每箱产品提价 2 元，给中间商更多的返利），结果不但打击了竞争对手，而且该产品的市场占有率从原来的 10% 提高到了 20%。

虽然当地居民的消费水平较高，消费者对涨价不太敏感，但该企业的品牌影响力大了，消费者对该产品产生了越来越多的隐性需求，该企业也在维护消费者方面做了一些工作……这种破天荒式的涨价促销方法值得中小企业学习，因为很多企业即使有涨价的市场机会，也不敢涨价。

企业做促销活动时，尽量不采取降价促销的方式是为了产品能长久发展和实现销售、品牌"双丰收"。现在做促销而不降价的企业太少了，促销创新如果不解决这个问题，再新颖的促销活动及形式都没有意义。

如果促销活动一定要与价格有关，企业只能进行短期促销，这是价格促销创新的基本原则。促销创新与价格联系到一起，如同杠杆，微调是可取的，如果价格长期倾斜，杠杆就会失去平衡，这对产品来说是致命的打击。

消费多元化

企业的产品很少能面向所有人群，每家企业都有自己的特定目标消费群体，但很多企业开展促销活动时都想一网打尽所有的消费者，这给促销创新带来极大的困难。事实上，不同的消费者的消费习惯不同、消费行为不同，这使促销活动永远有创新的空间。

在啤酒行业，很多企业为结婚新人制定婚庆酒宴促销套餐；在白酒行业，很多企业针对毕业学子、企业员工升职等制订不同的促销方案，准备不同的促销礼品。有的企业针对不同的节日消费人群开展不同的促销活动，例如，圣诞节滑雪活动、国庆节赠送旅游门票、中秋节实施家庭套装优惠、情人节买产品赠玫瑰花等。有的企业根据场所的不同对消费者采取不同的促销手段。例如，啤酒行业，只要消费者在餐馆消费就赠送精美的小礼品；在夜店、酒吧消费就实施"买××赠××"的政策，让消费者越买越多。

5. 如何应对竞争对手促销

统一企业面对竞争对手的促销政策，推出一系列新产品，例如来一桶桶面、统一100大面饼方便面、麦香茶系列产品等，干扰消费者的视线，搅乱竞争对手的促销活动。蓝带啤酒由于当时外资啤酒品牌的稀缺，反而在竞争对手降价时与经销商协商涨价，让消费者凭自己对品牌的强烈认知反击竞争对手……

这些只是个案，具有特殊性，并不是每家企业都能采用。竞争对手做促销，我们应该早有心理准备，要坦然地接受这个事实，寻找应对措施。与竞争对手相比，我们的促销应该富含"动销"的意义，而不是盲目地跟进。竞争对手做促销，我们不是不做，而是要研究竞争对手的促销政策，从而找到有效的应对方法。

这些方法可以总结为：先做好促销定位，通过更多的利益、更快的行动，以及更强的执行力去吸引消费者，打一场痛快的促销战。

促销定位

企业要想后发制人,就要找到竞争对手的软肋。这里的促销定位是指结合自身优势找到市场真正需要的促销方式和促销政策。

很多企业喜欢在超市里做促销活动,招聘很多促销员、导购员,制造大量的生动化用品,花很多钱做漂亮的堆头,有时还实施"买×赠×"或者价格折让政策。但企业操作时只有一个焦点,竞争对手在超市做促销的时候,可能会减弱街头零售店的促销力度或者根本不考虑进入街头零售店,此时,企业就可以在竞争对手薄弱的地方下功夫。

更多的利益

这是企业常用的招数,因为产品本身就是价值的体现,企业要做促销,就要在认可产品价值的基础上,在短时间内让渠道成员、消费者感受价值。

在具体操作过程中,并非是"以其人之道,还治其人之身",竞争对手"买十赠一",企业就毫不犹豫地采取"买八赠一"的策略。为避免恶性的价格竞争,笔者建议企业考虑促销定位,采取差异化促销方式。例如,竞争对手在渠道成员上下功夫,用买赠、折扣、高返利、补贴吸引渠道经销商,企业就可以在终端上做更大力度的一对一促销活动,如"冷冻化+陈列+单品奖励+累计奖励"等。这就是渠道链的思维,只要在总体上让产品增值就是好的促销政策,也能避免价格战。

更快的行动

某企业正在秘密讨论某节日期间在车站做方便面促销，准备三天后行动，结果这个促销信息被竞争对手截获。竞争对手第二天就开展了类似的促销活动，结果大获全胜，让该企业的促销计划"胎死腹中"，损失惨重。这是一场漂亮的抢时促销战。

当促销产品已经占据了渠道经销商的仓库，消费者也享用了该促销品后，他们已经对该促销政策没兴趣了。当年，饮料市场的"再来一瓶"促销政策红极一时，各企业争相模仿，但真正得利的只有最早实施该促销政策的企业。

更快的行动必须建立在理性分析的基础上。笔者走访市场，见到很多行业的竞争已经市场化了，企业做促销，竞争对手第二天就能推出自己的促销政策。这种"快"，是赌气、赌市场、赌企业命运，完全不是做促销，企业不但不是促销的受益者，反而是促销的受害者。

更强的执行力

竞争对手采取促销政策，企业应该明确促销定位，用更多的利益和更快的行动应对竞争对手。此外，还有一个容易被企业忽略的要点，那就是执行力。

很多企业主要靠经销商做促销活动，因为经销商是一个独立的经营实体，容易从仅对自己有益的角度出发实施促销政策。所以，企业应该对促销起主导作用。

促销实施计划就是"5%的计划+95%的执行"。很多企业促销失败的一个重要原因就是促销政策执行不彻底：促销资源被截留，促销用品没有用到该用的地方，促销没有深入到需要做促销的地方或层级。

有时，企业领导以为业务员正在如火如荼地开展促销活动，但事先花重金印制的促销海报可能一张也没贴出去；本应当天就要通知所有经销商、终端的信息，却拖了半个月；本应一周内将促销合同、促销堆头签下来，但促销期都快过去了，还没签下来，还以有困难为借口……

竞争对手做促销，企业如何应对？这是一个永恒的话题，我们用"更多、更快、更强"的精神激励企业，希望企业将自己的看家本领拿出来。

6. 凭什么你的产品就可卖高价

说到消费升级，一些消费品类企业纷纷推出高端水，希望可以在高端水市场分一杯羹。

现在高端水是怎么做的

笔者曾经深度接触过几次生产高端水的企业，发现高端水有以下几大特点：

（1）区域性品牌。

（2）主打泡茶煮饭市场。

（3）包装以大瓶装居多。

在这些基本都未能真正打开局面后，行业又开始做瓶装水：

（1）可口可乐引进了高端瓶装水，售价高达 64 元/瓶，达能见到后，立马有了警觉与反应。

（2）雅客推出了长白甘泉。

（3）恒大继续出高价水。

可以看到，不少消费品企业开始了高端水的谋局。

水行业的发展史对水消费价格提升的影响

中国的纯净水行业，最早的价格是不低的。如 20 世纪末，我们在街头只能喝到 2.5~3 元/瓶的纯净水。2001 年可口可乐出了个冰露，将价格直接拉到 1.5~2 元/瓶的零售价，从此，纯净水真正进入低价易消费的快速消费品行列，也促进了整个中国纯净水市场的平民化，以及娃哈哈、乐百氏、农夫山泉、康师傅纯净水的低利润甚至亏损运营，使消费者真正得益。

而这种小卖部 1.5~2 元/瓶、超市 0.9~1.2 元/瓶的纯净水的历史，是否对行业再拉升纯净水价格有着不可逆转的作用，是行业要深入分析与思考的。

消费升级与个性化是否都是水高端化的伪命题

消费升级，不能只认为是价格升级，要知道纯净水基本是无内容物，所以很难有升级内容。笔者一直认为，纯净水很难有故事、很难有发挥，所以，当时可口可乐基本放弃"天与地"而转做冰露，就是只从价格和销售策略出发。

再则，即使是天然水这种冲动性消费产品，主要是口感这个基本功能的体现，而其他功能性、个性、情感度，也都是离消费者相对较远的一些诉求，很难像果汁、茶饮、牛奶等饮料一样能玩出那么多花样。

所以，我们看到大家对恒大的偏硅酸盐主张普遍不认同，恒大的水营销一直不温不火，以及大家喝农夫山泉的真正原因，不是瓶子与包装漂亮个性，这些只是锦上添花的要素,核心还是确实比较好喝。

真正的消费升级,是否真是水源的挖掘,好喝的口感,还是别的什么?这是我们要思考的问题。

昆仑山为什么做不到像加多宝一样成功

为什么同样的营销团队,做成功了王老吉,也做成功了加多宝,却未能做成功昆仑山呢?

其实,我们可以看到,王老吉和加多宝作为凉茶饮料,可以做很多的营销内容,而昆仑山,由于价格高,所以受到了非常明显的消费限制,大家很难找到一个非常刚需的理由,非得喝高价的昆仑山不可。

而企业的营销手段也很难有突破,明星代言、赞助活动,仅此而已。这些本应只能作品牌性提示的营销传播,却承担着新品打造、消费者情感沟通。

营销奇招才是出路吗

正是由于水的特点,使真正能将水做好的企业不多。纯粹低价也不行,纯粹渠道分销也不行,纯粹做广告也不行。而由于产品本身低值,利润不高,则需要规模经济才能养得起一个想长续发展的企业。所以,在水行业,最终走出来的,也就娃哈哈、乐百氏、农夫山泉、可口可乐这几家。

当然,一个饮料企业有多种产品,水只是其中的一种,作为或铺货、或搭赠、或抢占货架的角色,还是值得一个企业长期投入来做的。但是,作为一个只做水的企业,可能真的是需要想出营销奇招了。

由于水行业里大牌占了极大的品牌优势,一般的企业很难再花那么多费用、时间与人员成本进行品牌建设,所以包括当时的冰露、农夫山泉等都采取了一些非常规手段来营销。在销售方面,如冰露的超低价及审批方式、某纯净水买水送钻戒等,与饮料销售手法多有不同。

所以,要做高端水,对于中国的水企业来说,还真是一个很长久与烧脑的课题。

7. 王老吉与加多宝共享红罐，值不值得欢呼

最高法院曾裁决，中国凉茶两个品牌——加多宝与王老吉共享红罐，并指出，"知识产权制度在于保障和激励创新"。

网上有大量的报道与留言，而我们综合来看，更多的是戏谑："这是共享经济闹的""呵呵，连包装都共享了""这是要官司结束之后再战的节奏吗"……

塑造品牌最高层次是社会层面的，可千万别跑偏

在社会层面上对自己企业所从事的事业或产品的内涵进行主张，脱离了铜臭味，受众（消费者）从心理上更取得认同与亲近，对手也较难在这个层面上进行相同或类似的主张（那样会被认为明显的"假"与利用），是一种最高层次的品牌建设方式，也是某国际一流市场公司认可的好的市场营销手段，并且写进了自己已申请专利的营销宝典里。

近几年来，我们不少人好像已经察觉到了，一些品牌很明显地将公益、责任等化为隐蔽的营销工具了，利用消费者对企业在社会层面的一些贡献的信任，来营销自己的产品。我们看到不少的表面的贡献，其实背后都是一场又一场的作秀，一场又一场的营销策划……并且一次一次的过度营销，让人生厌也不停歇。

没错，消费者是"认知大于事实"的，消费者不是专家，没有很强的辨别能力。即使被利用了，多数时候也是无奈认了。但是，随着消费者的不断成熟，这些伎俩终将被消费者识破。

饮料业现已出现产品创新严重匮缺

在关于饮料业的所有问题当中，产品问题应该是最受关注的。

最新消息，统一企业准备年度开发二三十个新产品，来应对新品不足与新品推广市场接受难的问题。

娃哈哈近几年几次被媒体黑，就是被认为产品开发弱，没能开发出什么市场接受度高的新品。同时，产品包装也老化，没新意，不能吸引新一代消费者。

香飘飘前阵时间上市申报，有报道传出产品结构单一的问题，需要做出说明。

总之，消费品业的产品出现如此多的讨论，非常明显地说明了大家对消费品业的产品有点不满意了。并且如此密集地出现关于消费品业产品的报道，真应该说，消费品业的消费者或市场在倒逼企业去审视与重视自己的产品创新问题。

由于移动互联时代的颠覆性以及主流消费人群的变化，企业开发产品确实是遇到了一些困难与无奈。有关这点，笔者曾在"统一娃哈哈为什么也开发不出好产品"一文中已有提到。

所以，企业集中精力开发好新产品，是当务之急。

红罐、金罐抢红罐，不如一起拯救品类下滑

据多方传来的信息，凉茶类产品已经出现增速放缓现象。据报道：2016年凉茶行业的销售规模增速明显放缓（据传只有10%左右）。2012年至2014年，凉茶行业保持年均50%~100%的增长速度。然而随着近年来整个饮料市场业绩普遍下滑，凉茶行业的增速也随之放缓。

其实，红罐与金罐，从常理来讲，可能更有利于品类发展。我们知道，可口可乐与百事可乐、娃哈哈与乐百氏、麦当劳与肯德基，等等，都是各有VI系统（视觉识别系统），便于可持续地在消费者面前形成自己更清晰的印象。这就是品牌价值、个性、品牌资产形成的基础，也是百年品牌的基本特征。从商业发展史来看，都是行业多家独立品牌与产品的竞争，促进了品类的发展，从而无论是行业老大还是老二，甚至是大部分行业企业都能享受到蛋糕做大的红利。

而凉茶品类中、第一、第二品牌却共享红罐，这让消费者看到的可能是一个更"窄"、发展空间更"小"与受限的行业，而且也是一个格局不高、只看重眼前利益、只顾收割自己利益的行业。最高法院宣判第二日，我们就看到当中一个品牌，利用最红火的网络素材，进行自我宣传。

另外，试想将来有两个红罐让你选择，你不会再有所谓的道德情感因素，你会很反感：嗨，什么鬼，哪个假？两个都在卖乖吧？都不选了！

所以，衷心地建议这对已经撕打了这么多年的难兄难弟，不如联合起来，为拯救与拓展行业空间而共同努力！

市场与专家的反映，说明红罐其实并不是那么重要

多家快消业媒体在宣判结果出来后，都第一时间对市场进行了采访。主要意见如下：

（1）经销商的意见。从调查的结果来看，得出一个这样的结论：大部分加多宝经销商表示是否换回红罐其实对渠道并没有太大影响。甚至很多经销商预测，加多宝并不会换回红罐。这是因为：第一，经过前期的市场培育和宣传推广，金罐加多宝已深入人心，完成了品牌形象的转换，而且销量也很好，没有换回去的必要；第二，金罐加多宝与红罐王老吉很容易区分，换回去反而容易"为他人作嫁衣"，得不偿失。

（2）专业人士观点摘录如下。

① 凉茶的成功是天时地利人和以及在餐饮渠道精耕的结果，把王老吉的成功归结为"怕上火"或者"红罐包装"都太过片面，加多宝、王老吉围绕这些打官司本身就意义不大，只是争一口气而已。现在两者在终端的消耗战愈演愈烈，这不是换个罐子颜色就能解决的。

② 至于加多宝要不要换回红罐实际意义不大，但不排除重新推出红罐包装来干扰竞争对手，毕竟可能部分消费者仍对红罐加多宝"情有独钟"。

③ 金罐消费已经成熟，主力地位不会动摇，换红罐只存在战略性的防御意义。

④ 加多宝付出那么大代价，才让金罐活下来，实在没有必要再去蹚浑水了。

⑤ 加多宝应该主动放弃红罐，划清界限，未来市场的竞争不仅仅是红罐。红罐固然重要，但已经是历史，是包袱，果断放弃更好，要跟王老吉主动区隔开，这是进步的表现。

回到上面所说的"认知大于事实"的道理，其实金罐已经基本算转换成功了，品牌资产也已经成功转移，那么未来是否可以将这种"争"放到良性竞争上去呢？

第七章 深度分销与未来

1. 什么是深度分销模式

近年来，深度分销模式大行其道，许多企业争先恐后地推行深度分销模式。但是，笔者在为企业提供咨询和多次走访市场的过程中发现，很多企业对深度分销模式存在误解，甚至在推行该模式的基点上存在重大偏差。

"我认为，深度分销模式就是做终端，做更细致的终端工作，要特别关注终端拜访和服务。"

"我的看法与你的看法不同，我认为深度分销模式就是将市场分条块管理，这样有利于二级批发商的送货和区域管理。"

"多招几十个人，成立一支终端拜访队伍，做终端服务工作。"

"我看过可口可乐公司等大公司推行深度分销模式，就是终端业务员要做好'拜访八步骤'，将工作固化，但他们不对销售结果负责，没有销量指标，纯粹是一个市场服务人员。"

询问十个人，就有十种对深度分销模式的看法，在操作中，就可能有十种不同的操作方法。

什么是深度分销模式？深度分销模式是一种新型的营销模式，不只针对市场，还针对内部管理，深度分销模式是内外兼修的营销模式，是企业重要的营销战略之一。

内外兼修的营销模式

企业的营销成功归根到底只能靠业务员能力的提升和企业内部管理能力的提升，深度分销模式之所以能创造销售奇迹，归根到底也是这个原因。

负责企业销售工作的人不只是企业内部的业务员和管理人员，还包括各级渠道成员。深度分销模式的精髓是将企业原来的一支简单的经销商联络队伍（业务代表），经过专业化补充、专业化分工、专业化培训，打造成一支专业的分销队伍和专业的终端队伍，并将经销商打造成一支专业的中间商队伍。

如果把注意力只放在深度分销的外部形式上，不仅不会提升销量，反而会起反作用。例如，企业成立了许多类似于工作站的分支机构，实际上它们的效率并不高；为了提高效率，划分了终端业务和分销业务，但是两个部门"老死不相往来"，相互扯皮；终端业务员做了很多工作，却没有一个能真正能考核他们工作的指标；管理表格和会议走形式……原因是企业只注意到深度分销模式的外部形式，而忽视了提高深度分销模式的内部管理水平。

分销队伍的转型

在实施深度分销模式之前，业务员面对的是只做大批发、大流通的经销商，业务员的核心任务就是分销。在实施深度分销模式后，由原来的一支队伍做市场转变为由分销部门和终端服务部门两支队伍协作完成销售任务。业务结构变了，原来的分销队伍必须转型。

业务员需要从原来的"联络员""收款员""政策传达员""商务代表""企业全权代表"等角色，调整为"经销商服务人员""市场维护人员""经销商助手""市场规划人员""经销商合作代表"等。

在具体工作上，业务员应该关注经销商的"进销存"（内部运作）和经销商对竞争的参与度，经销商的小区域管理、配送协调、与终端队伍的协调等。他们不只是与经销商进行沟通，还要将自己的触角完全渗透到二级批发商和三级批发商，将中间层级链条的管理重心下沉。

经销商的转型

深度分销模式下的经销商队伍需要切割和重新组合。企业实施深度分销模式后，经销商虽然知道自己也需要做出改变，但不知道如何改变。

原来的经销商都是"大而全"的经销商，什么都做。例如，区域规划及管理、价格政策的实施及自行调整、市场开拓、融资、促销政策的制定及实施、渠道规划及管理等。在深度分销模式时代，经销商发现的"大而全"并不是企业想要的。

深度分销模式要求企业更多地参与市场管理工作，企业与经销商共同运作市场。经销商不再是单打独斗的将军，而是和企业共同运作市场的伙伴。经销商要放弃自己不能做的或做不好的工作，充分发挥自己的优势，和企业共同运作市场。

很多经销商认为企业想让自己做配送商。其实，这是对企业的误解，企业如果真这样做也会误入歧途。作为中间商也好，作为企业的合作伙伴也罢，经销商的现有能力和优势都是值得充分利用的，企业没必要自己包揽所有工作，如流通、配送、区域管理、融资、开拓等。

深度分销并不是让企业包揽所有工作，而是让经销商与企业能力互补，充分发挥各自优势，提高市场运作能力。

总之，深度分销模式的最终目的是通过内外三支队伍——内部的分销队伍、终端队伍，以及外部的经销商队伍，不断提高综合能力，不断提高市场竞争的核心能力，实现可持续发展的目标。

2. 深度分销中的终端管理

终端拜访的步骤

李经理是某饮料企业执行深度分销项目的经理,经历了传统的大批发、大流通式的分销模式转型。李经理非常熟悉传统的分销业务,如订货、收款、区域开发和维护等,但是对于深度分销的终端管理,他还没有思路。

很多企业都听说过"拜访八步骤",这是终端拜访方法的浓缩,是对一些著名的国际快消品企业多年运作渠道经验的总结。参考流水线管理的思路,使销售拜访规范化、流程化和标准化,操作过程易于理解和记忆,拜访语言亲切、通俗易懂,拜访过程规范、有序。此外,提供业务指引手册,将客户可能提出的异议,回答的关键点都一一列出来,使业务员对这些问题的解答切中要点,有效地提升业务员的能力。

"拜访八步骤"的具体内容包括准备、打招呼、店情察看、产品生动化陈列、拟订单、销售陈述、回顾与总结、行政工作。很多企业将店情察看发展成"向上看挂旗,向前看陈列,向下看堆头"。有的企业省略了店情察看或产品生动化陈列,或者最后才做产品生动化陈列工作,这是未能完全掌握"拜访八步骤"精髓的表现。

很多国内企业按照"拜访八步骤"的框架,结合本企业的特点进行组合或创新,这是值得鼓励的。但企业不能忽略"拜访八步骤"的本质——执行力。

终端拜访的内容

李经理管辖八个区域市场,一次,他到市场一线督导各个区域市场。第一个区域市场的终端业务员只做售后服务,只询问:"老板,经销商送货及时吗?产品质量有没有问题?"第二个区域市场的业务员只知道填报表,填完表格就算完成任务了。第三个区域市场的业务员和各个终端的关系非常好,他们坐下来就只全聊天,聊完就和终端老板一起吃饭,吃完饭就去下一家终端聊天……

终端拜访工作有哪些?终端业务员非常困惑。同一企业不同的市场,终端业务员的工作内容差别非常大,因为拜访工作的具体内容都是按照当地主管的理解推进的,企业总部根本没有统一的标准。

某企业在做深度分销培训时,对深度分销终端业务员的要求比分销业务员及主管的要求还高,例如,政策执行能力、价格执行能力、生动化陈列执行能力、解决问题能力、销售能力、沟通能力、谈判技巧等,多达 20 项,这是不切合实际的。

很多企业的管理者说:"终端业务员的主要工作就是服务,服务好了,销量自然就上去了。"听起来是没错,但是终端服务也必须以目标管理为前提，如果不能有效地提高销量，任由业务员在终端"服务"，这种不能量化考核的工作最终会变成无效的"磨洋工"。

根据实践经验，我们将终端业务员拜访工作归纳为以下七个方面的内容：终端线路拜访、信息收集管理、售后服务、客情沟通、生动化陈列、问题反馈及处理执行、订单式销售。

很多企业的深度分销做得不成功，或者说同实施深度分销模式之前没区别，主要是因为企业不清楚终端业务员的工作内容，或者是虽然清楚终端业务员的工作内容但执行不到位。

终端业务员的管理

有的企业的管理者认为，报表越多业务员做的工作就越多，这是错误的想法。如果业务员一天要花一两个小时的时间填各类报表，那么他们真正的工作——线路拜访就会打折扣。笔者发现有的企业使用的表格多达几十种，业务员不堪重负，最终不得不随变填写数据交差。

只要求业务员收集终端的重点信息，使业务员将更多的精力放在与客户有效沟通和有效服务上，这才是我们对深度分销队伍管理的基本原则。我们通常用三张表来概括业务员的工作，即走访日报表、市场动态表和销售（情况）表。这三张表中各有侧重、相互补充，帮助企业全面了解市场情况和终端业务员的工作情况。

终端业务员的考核

企业只需不折不扣地执行三个可量化的指标即可，即覆盖率、占有率、销量（或者订单数），其他的指标可作为支持指标或非重要指标辅助考核。当然，企业可根据需要添加一个关键指标，以凸显这个阶段某一临时目标的重要性。

深度分销模式颠覆了原来的分销模式，对原来的分销队伍进行转型的同时，还组建了一支终端拜访队伍，这两方面如何契合与沟通，是深度分销队伍建设的重要工作内容，是体现深度分销模式执行力的关键要素。

3. 终端掌控已经退化了，怎么办

据某行业专家近期走访市场回来感叹：终端精细化运作已经是明日黄花了，不能再提及了！曾经的终端为王（极致到终端拦截）时代，曾经的深度分销时代，每个企业都希望将终端拜访到，将终端服务好了，因为销量在那里，消费者在那里（当然竞争对手也在那里，终端拦截是最直接的竞争规避了）。

为什么终端为王会退化且被抛弃呢？

终端会一直为王

首先亮出最直接的概念：对于渠道建设来讲，终端会一直为王！

为什么？

销售必需的"四流"：商流、物流、信息流、资金流都要到终端。

（1）商流：无论是传统时代还是移动互联时代，商务沟通洽谈与订单缔结必须到终端。有人说，现在网上不就可以实现交谈（IM 即时通话）、直接下订单吗？对！你跟消费者直接交流了，这不是终端为王吗？

（2）物流：消费者必须拿到货，无论是渠道商送货还是专业的配送商送货，其实，可口可乐公司曾在十多年前就已经开始聘请物流公司及配送公司直接送货了。

（3）资金流：资金流是商流的反向流。订单产生，资金流就形成。对于很多企业而言，货款资金收回才算销售业绩实现。而移动互联时代，企业可通过资金流来实现互联网金融，传统的资金流又赋予了新时代的意义。另外，现在 B2B 电商如火如荼，很多新进 B2B 电商没了解传统渠道中赊账欠款营销的内涵，仓促进入，结果造成因赊欠问题而大量压款，资金紧张，这又是另一个话题了。

（4）信息流：传统时代，业务管理者基本是靠订单、拜访记录来了解市场一线情况，从而做出决策或政策调整。移动互联时代，每个终端的信息被企业通过软件 App 随时传回企业后台。为什么上海三得利啤酒一直被作为深度分销的标杆？因为三得利啤酒在业务人员标准化访销后面，每个分销商还有一台联网电脑与三得利企业链接，而三得利公司通过分销商电脑传回的信息为其销售三得利饮品做了最好的决策支撑。

所以，终端不可能不为王！当然，即使企业的执行到不了终端，那么，渠道商的执行也必须到终端。所以，当时某国际品牌公司在中国又提出深度分销之外的一个概念——分销协作，即企业只派驻经理来管理经销商的业务人员。

当然，从另外一个研判体系来讲，企业必须一边迎应消费者，一边规避竞争，这基本只有在终端才能做到。

为什么终端掌控会退化呢

为什么终端掌控会退化呢？只能说，企业的渠道建设在移动互联时代遇到了从未有过的瓶颈：

一是在变革时代，企业认为精细化运作不一定带来立竿见影的经营效益，可能颠覆式创新，如电商等能更好地解决问题。所以，终端掌控的推行遇到了现实的阻力：费力并不讨好。

二是在终端为王的超十年的操作下，终端运作已经是"熟处无风景"，且维护成本高，人员操作疲。据了解，可口可乐公司的终端掌控虽然管理方法与工具都较先进，但也存在大量的一线终端掌控造假问题，这样，终端掌控已经是鸡肋，不如放弃，或者继续交回给经销商。而交回给经销商，经销商也束手无策。

个人觉得，终端掌控还是真理，但完全靠业务员终端拜访式的终端工作也可能需要被颠覆了。

移动互联的产生，也促进了终端工作的新运作。到底如何新运作？如下内容可抛砖引玉。

系统+员工一线执行

移动互联的最大特点就是互联互通，互联互通的真实即时对终端掌控实施提供了有力的帮助。

据有关调查显示，管理类 SAAS 软件中，使用较多的就是业务人员拜访定位软件。为什么呢？这是因为企业老板寄希望于用工具来完全管控业务人员的工作。前文已经说了，连可口可乐如此顶尖的管理企业都不可行，何况一些中小企业，所以这种只依靠系统来实现效果的，注定是不可行的。

可以说，系统+员工一线执行，才是正确的方法。

由于移动互联网的特性，系统可以初步实现如下可能：

（1）远程图文语音视频表达：终端的人、财、物，现场，陈列，活动，促销均可实现。

（2）时间与地点控制：业务人员的工作流可实现。

（3）工作表达：订单传输与业务、服务均可即时实现。

（4）竞争规避：将终端纳入部门式管理，竞争规避可实现。

但是，移动系统，不太可能实现的是：

（1）可以互动沟通协同，但以常规工作为主。个别及特异性的问题，还需要现场当面沟通或电话沟通为好。而业务工作，个别或特异性问题并不少。再小的终端，也是 B 端。B 端服务如上面所说的商流、物流、信息流、资金流，如完全靠一个系统来运营，是不可能的。

（2）终端需要人的现场服务。拜访过终端的业务人员就知道，只要一个星期左右，就能学会终端工作，就能无障碍执行。企业为什么还要聘请人员进行终端拜访呢？第一是服务，上文已经说了；第二是了解竞争信息和迎应竞争（也就是说竞争信息可能只有一线人员能即时采集到并即时做出决策）；第三，其实企业就是要利用一线人员拜访，在情感方面，与终端形成紧密关系。这种情感关系，是终端与企业不放弃合作的重要纽带以及阻击对手有方式。

当然，还能从其他方面来找一些必须"系统+员工一线执行"的原因。其实，只要企业离终端近，终端给企业的回报一定不会让企业失望！即使短暂的或者战略性的投入，业绩产出并不理想。但从消费、竞争、发展等多种因素来评估，这种终端为王的企业运营方式，还是可持续推行并受益的！

4. 案例：深度分销模式下的新产品上市

刘总原来所在的公司一直销售低价位的本地品牌啤酒，在该公司被华润啤酒集团收购后，刘总作为华润啤酒集团的区域营销总监，重点推广中、高价位的全国性品牌啤酒，但该品牌的推广工作一直不顺利，一直没找到快速推广产品的捷径。

刘总是一位富有激情、敢想敢干的区域营销总监，他正在大力推进深度分销的渠道运作变革。经过三个月的努力，他的市场拓展队伍已能完全掌控区域市场内近两万个零售终端和餐饮店的销售管理，并且建立了终端业务拜访系统，深度分销试点工作取得了阶段性成功。

深度分销队伍的建立使刘总拥有了一张王牌，但如何找到产品与渠道运作的契合点，让这张王牌发挥最大作用，刘总始终不得要领。

在一次聚会上，一位资深同行讲述了他自己利用单一渠道成功上市新产品的经验："如果你对某个渠道有完全控制权，如果你完全了解新产品上市后的流向，如果你能随时了解到产品在市场上的真实的销售信息，那么利用单一渠道使新产品上市就有可能成功。"

刘总豁然开朗，餐饮渠道是自己的软肋，销售成绩不理想，但自己的销售队伍通过每天的固定路线拜访，完全掌握了餐饮渠道的销售状况；餐饮渠道对啤酒行业来说，是一个完全独立的销售渠道，属于现场消费，产品不易流通，相对容易把握产品流向；竞争对手对餐饮渠道的销售政策都是每箱几元钱的利润，没有更多的管理和渗透。刘总如何在该渠道重点推出中、高端的啤酒新产品，在渠道和产品上取得"双丰收"呢？

消费者调研

公司领导认为，有必要增加新产品，并同意刘总自主制订新产品上市的具体计划。刘总没有找调查公司，他利用深度分销队伍进行了一次全面的市场调查。

刘总负责的×市市场分为六个区域市场，每个区域市场都有400多个中小型餐饮店（啤酒企业一般将其定义为C、D级店）经营中、低档啤酒，整个市场有2 600多家餐饮店。在销售旺季，每家餐饮店平均日销量为5箱，如果新产品上市，这是一个每天可消费10 000多箱啤酒的巨大市场！新产品如果上市成功，会为公司开辟另一个销售增长点。

随着消费者消费水平的提高，×市餐饮店的啤酒销量呈逐年增长趋势，近几年的增长速度接近20%。经过调查发现，中小型餐饮店生意反而比大型餐饮店火，甚至相邻城市的居民都开车到×市就餐消费。因此，×市的中小型餐饮店啤酒销售潜力非常大。

×市居民习惯在社区消费，习惯在家和工作单位附近消费，而×市由于城市规划的原因，社区分布均衡，中小型餐饮店分布也很均衡。×市属于滨海城市，居民的消费观念比较超前，不受地域拘束，即使是新品牌、新产品，只要产品品质有保证，×市居民就愿意尝试购买。

目前，中小型餐饮店的啤酒主要以 30 元/箱的低价位产品为主，零售价基本是 2 元/瓶，没有中、高档啤酒品牌。几家竞争企业的品牌没有价格区隔，本来啤酒品牌的差异性就不大，很容易被竞争对手彻底"翻盘"。因此，提高零售价，占领该类餐饮店的中、高档啤酒市场完全有可能成功。

竞争对手调研

几个竞争对手都是非常强势的大品牌，但一直沿用大流通、大批发的销售模式。它们进入市场时间早，利用消费者对品牌已有的认知，除了提供价格支持，不需要专门的团队和其他支持也能取得较高的销量，因此，企业很少考虑餐饮店的发展。不少企业认为，只要消费者认可了产品，餐饮店就必须卖，没必要精耕细作这个市场。竞争对手强硬而粗放的管理作风，对刘总来说，是新产品上市的好机会。

同时，餐饮店迫于市场竞争的压力，越来越倾向于把企业对自己的促销政策转移给消费者，宁愿让利给消费者，也要拉拢消费者，稳定和扩大客源，以便与其他餐饮店抗衡。因此，餐饮店的啤酒销售利润越来越少。

由于几大竞争企业在品牌、价格和促销上的操作手法相似，消费者认为，这几家企业的产品几乎没有差别，消费者喜欢什么，餐饮店就卖什么，企业对产品销售的控制力弱，随时可能被竞争对手挤出这个没有差异性的消费渠道。

自己的优势

对餐饮店 100%的控制是华润啤酒公司在该渠道的最大优势，通过深度分销队伍，公司已将该渠道牢牢地掌握在自己的手中，餐饮店的基本状况和销售状况都被存入终端客户资料中，可以随时查看；在固定时间均有固定的深度分销业务代表进行业务拜访、生动化陈列服务和售后服务。公司了解每个店的信息，而且信息传递快速、准确。客户关系由于业务代表的辛勤拜访而变得融洽了，餐饮店非常愿意与公司合作。

在"雪花"品牌逐渐强势的情况下，在该渠道抢占一个中、高档消费定位空档，既能满足消费者的需求，又能促进品牌的成长。该企业一直销售本地品牌，有良好的口碑，消费者很期待其新的全国性品牌——"雪花"最早上市。

"知彼知己，百战不殆。"刘总对自己的优势逐渐有了清晰的认识，深度分销模式的渠道优势加上成长品牌下的新产品上市冲击，以及对消费者心理的把握，三大优势肯定能产生良好的效果。

执行中的两个重点环节

深度分销队伍的执行力是新产品在餐饮渠道成功上市的重要环节。在没有广告、促销，价格也没有优势的情况下，企业必须高度体现深度分销模式的价值：深度分销队伍和良好的客情关系，将新产品铺到餐饮店的柜台上，产生比传统经销商铺货"多、快、好、省"的效果；做好餐饮店的生动化陈列工作，大量张贴海报和新产品信息，及时反馈餐饮店的各类信息。

提高餐饮店的销售利润率，每箱产品进价比竞争对手产品高4元，但由于零售价的提高（从2元/瓶提高到3元/瓶），餐饮店每箱产品可获得比竞争对手高8元的利润，这就提高了餐饮店的销售积极性。

重视产品和深度分销队伍

第一，产品方面要重视，这主要表现在以下几个方面：

（1）设计独立包装，进行产品区隔。要让产品与渠道紧密结合，要先考虑为渠道设计产品包装。产品以新形象进入餐饮店：一是能提高产品附加值；二是能进行产品区隔，为差异定价打下基础；三是能为深度分销业务拜访队伍提供推广卖点。除了"雪花"啤酒在消费者心目中的新鲜、爽口的印象外，专供新产品还能给餐饮店带来全新的视觉冲击力和消费感染力。

（2）设计独立的产品销售价格。餐饮店的进货价高于竞争对手，便于树立高档产品的品牌形象。为渠道设计独立的产品销售价格，即使该新产品上市不成功，也为以后的政策调整留下余地。这是对产品提供增值服务、对专有渠道进行专项产品投放的思路体现，和竞争产品形成价格区隔，找准产品定位的方式。

（3）提高零售价格。提高零售价格，餐饮店能获得更高的利润，同时也满足了部分消费者消费高档啤酒的心理需求。提高零售价格也是一个系统工程，除产品品质优良、物超所值外，深度分销业务代表通过在餐饮店做大量的生动化陈列说服工作，使消费者接受高价产品。

（4）宣传产品。为该渠道制订专门的产品推广宣传措施，这是产品设计完成后具体执行的关键步骤。在醒目位置张贴大量海报，在海报上注明"专供餐饮店"和"3元/瓶"。由于终端业务代表"一对一"的宣传，可减少甚至取消电视广告和其他宣传活动。这种"一对一"的宣传与贴有大量海报、横幅的餐饮店的刺激，在迅速占领市场方面反而比电视广告的效果更好。

（5）促销。促销是快消品企业最常用的手段，但在这个专有渠道新产品上市的尝试过程中，刘总认为，促销由原来的"常规武器"变成可有可无的手段。于是，刘总果断地取消了常规的瓶盖促销和进货促销手段，因为渠道成员的销售利润已经通过深度分销模式和新产品设计完全体现在销售过程中了。

第二，深度分销队伍方面也要重视，这主要表现在以下几个方面：

（1）改变培训着重点。以前的销售培训着重培训业务技巧，而这次的业务培训变成了新产品上市的营销研讨会，两个部门探讨了餐饮店的销售管理对新产品上市的重要性，而新产品上市推动了餐饮店渠道乃至整个渠道的发展。由于没有促销和宣传，点对点、面对面的拜访沟通尤为重要，必须按照规范、统一的拜访流程，通过培训让业务代表全面认识产品和定位，将产品推广与销售紧紧地联系到一起，实现从销售到营销的升华。

（2）铺货活动不仅是传达销售政策。刘总将其定位为集产品推广与销售为一体的业务活动，他召开新产品上市会，在会上，他传达了产品概念：新产品的目标消费者是谁，新产品的定位是什么；帮助业务代表掌握铺货技巧和铺货工具，牢记该产品对餐饮店的主要卖点，即进货即可获得较高利润和公司"点对点"服务（公司业务代表通过固定的路线拜访，能为其随时解决销售问题，而不是进货后就撒手不管）；在铺货过程中利用横幅、车辆，使餐饮店相信这是一场声势浩大的路演，该公司实力雄厚，从而突破心理防线、愿意进货。

（3）向业务代表下订单。餐饮店直接向业务代表下订单，业务代表把订单交给经销商，由经销商统一配送（经销商无权向其他渠道成员售货）。业务代表遵守正规、有序的拜访制度是公司长远发展该渠道、长久关注客户利益、让渠道放心经营的保证，坚定了渠道成员经营新产品的信念。

（4）在业务拜访过程中做生动化陈列工作。在醒目位置张贴大量的海报，在门店前堆箱陈列，悬挂大量吊旗和横幅，部分重点餐饮店还要做"易拉宝"门店广告等。

（5）准确、及时地反馈信息。业务代表每天从市场一线获得产品流向和消费者的消费情况等信息，这些市场监控信息能准确地反映产品的市场表现，为制订下一步的推广策略提供依据。

总结和启示

通常，我们在新产品上市时主要考虑渠道配合。希望渠道经销商能全面贯彻公司制定的新产品上市促销政策；希望业务代表能尽快将新产品上市政策传达给经销商，并协助经销商执行政策。很多人认为，新产品上市就是市场部制订上市方案，然后由销售部落实，如何执行则是业务部的事情，执行好坏与市场部、销售部无关。

这个案例说明，企业要有针对性地将新产品推向市场，包括充分利用渠道资源，这样能促进市场部和业务部有效协作，充分发挥已有资源的优势，如表7-1所示。

表7-1 新产品上市需要的支持

产品上市需要以下渠道支持	深度分销能提供以下渠道功能
产品覆盖率需要铺货支持	具有强大的终端铺货队伍
渠道管理有序	能对终端、二批、大批进行全面细致管理
订单、生动化及补货系统	进行订单获取、生动化及补货正是业务代表每天的主要工作内容
及时的信息反馈以及更多了解渠道实际需求	每天，每个业务代表对每个终端以及大部分消费者的信息收集

当然，在实施深度分销模式的过程中，新产品上市也能加强深度分销的渠道管理功能。新产品上市能加强深度分销队伍对深度分销模式的理解，能充分利用深度分销模式的各项功能，如表7-2所示。

表 7-2 实施深度分销模式需要的支持

深度分销需要以下支持	新产品上市能提供以下支持
更多资源来维护客情	有更多资源让业务代表与终端联系，增进感情
丰富枯燥的拜访过程	上市能产生令人振奋的工作新内容
更多的产品组合投向市场	能丰富产品线

刘总在新产品上市之前，就充分考虑了上述因素，针对自己的实际情况将"4P"营销策略中的"产品"和"渠道"进行密切、有效地整合；通过实施深度分销模式，全面发挥渠道成员的优势，将新产品在目标渠道销售，利用自己的资源取得竞争优势，精耕细作渠道，解决新产品上市不易成功、价格不易控制、促销费用过高等问题，打破价格战和促销战的惯性思维。

5. 经销商不愿意送货，怎么办

企业在深度分销模式下，企业的业务代表从终端获得订单，然后传递给经销商，并由经销商提供配送服务。可是在操作过程中，经常发生经销商不愿意送货的情况，终端对此很不满，甚至不再销售企业产品。在这种情况下，企业应该怎么办？

经销商本来就是流通商，配送是其最基本的职能，企业如果不实行直销模式，就必须通过经销商将产品从车间运送到各个销售点。经销商不愿意送货，不是因为配送条件不高，而是心态或沟通上存在问题。这主要表现在以下三个方面：

（1）企业（或企业的业务员）与经销商沟通存在问题。

（2）经销商本身存在问题。

（3）终端存在问题，经销商不能送货。

我们只有了解了到底是哪个环节出了问题，才有可能解决问题。

使深度分销模式更合理

企业不要误认为,加大投入力度、实施深度分销模式,经销商就"没用"了,经销商就应该受企业的压制,经销商在这种模式下只能做配送商。企业应该充分分析经销商的功能,发挥其优势,不是将经销商退化成配送商,而是扩大、提升其能力与企业互补。

正确的做法是对经销商进行分级、甄选。如果将深度分销模式仅仅理解为终端服务,而不对原来的渠道成员做出调整,肯定会出现问题,不送货的现象也就不难理解了。

企业与经销商沟通存在问题

通过深度分销模式,企业加强了对经销商的管理和服务,使其更接近渠道中间商和终端,即企业增强了对市场的渗透力。相对于过去粗放式管理方式下所有市场操作经销商说了算的方式,深度分销模式极有可能使经销商的利益受到损害。所以,企业必须了解是否存在这方面的问题,提前做好准备。

经销商被改造成配送商后,感觉企业的管理更加深入了,原来的一些市场功能被取代,自己有了强烈的危机感,从而对企业产生抵触情绪。但作为生意人,经销商不会直截了当地结束合作,在现实操作中,他们经常以不送货、不按时还款、窜货等行为表示对企业的不满。

在这种情况下,企业一定要做好沟通工作,要让经销商从内心深处感受到企业在帮助他们,帮助他们维护市场、帮助他们成长、帮助他们管理市场、帮助他们在竞争激烈的流通渠道中成为杰出的经销商、帮助他们培养核心竞争力,从而认识到送货是互惠互利的事情。

这时，企业一定不要让经销商认为自己变成了"弱势群体"，要通过沟通与培训，让他们感受到在新的营销模式下，跟随企业一定会走向成功的。

解决沟通问题的方法

如果业务员与经销商存在沟通问题，就需要上级主管帮助解决问题，以下是常见的解决方法：

（1）如果业务员经常将经销商的订单当成自己的订单，弄虚作假，根本不跑业务反而在经销商身上索取好处，影响经销商正常的工作等，需要找到证据后更换业务员。

（2）如果业务员与经销商存在沟通问题且双方能够消除隔阂，业务主管就要作为中间人积极调解。例如，销售主管可请经销商提出合理要求，然后由业务员承诺，保证努力工作。

（3）如果经销商故意刁难业务员，主管就应找经销商了解原因，看经销商是针对业务员还是针对企业，弄清楚到底是利益问题还是沟通方式的问题，以便找到解决方法。

经销商存在问题

经销商不愿意送货也可能是自己的原因。例如，利润太低；旺季时，配送能力不足；怕不能收回赊欠的货款；怕终端"跑店走单"，从而"竹篮打水一场空"；不是自己核心区域市场的销售点不愿意送货；网点界定不清，可能该终端位于两个经销商相邻区域市场的交叉点上……

经销商自己存在问题并不代表企业可以坐视不管甚至责怪他们，双方要及时协商，将这些问题当作自己的问题，共同解决。企业还应酌情考虑，提供一些支持，如送货车、送货人员补贴等。

终端存在问题

近年来，企业不断地将资源投入终端，终端已经到了极度膨胀的状态，一些终端不断给企业或经销商出难题。当然，这可能也与企业的业务员有关系，明明知道这个终端不能送货，但为了完成订单任务，依然要求经销商送货。

在这里，企业有责任与经销商一起与终端沟通，使其成为企业的长期合作售点。超级大店可由企业与其签订赊欠协议，使赊欠、还款有法律保障，让经销商放心送货；其他的各类终端，企业可多方了解其信誉情况并反馈给经销商，保证送货、收款。

如果上述方法都不能解决问题，而经销商又坚持不送货，企业就要考虑更换经销商。因为该经销商已经丧失了自己最起码的能力——配送流通能力。

6. 深度分销后的分销模式转型

一家企业引进深度分销模式，按部就班、有理有节地推行了一年多的时间后，无论是渠道经销商管理，还是终端的掌握及拜访都取得了不俗的成绩。其间，企业迅猛发展，兼并了本省的一家竞争企业，从而取得了省会城市市场占有率接近90%、全省市场占有率接近60%的佳绩。

但是，深度分销模式的投入非常大，该企业的总经理一直也在思考以下几个问题：实施深度分销模式后，在什么条件下可以撤销或者进行其他渠道模式的转换？

深度分销队伍能不能撤销或转换

很多企业实施深度分销模式后虽然取得了一些成绩，但似乎卷进了"投入产出不高，入不敷出"的漩涡：由于终端实施全面拜访政策，导致终端服务队伍庞大，但销量并没有同比例提高，订单主要由二级批发商取得。很多企业的终端服务队伍主要做信息收集工作。

让我们来看看企业的深度分销队伍的工作职责及考核关键指标,如表7-3所示。

表7-3 企业的深度分销队伍的工作职责及关键考核指标

项目	固定路线拜访	信息收集及各级传递	售后服务	客情沟通	生动化展示	终端开发	问题反馈及处理	订单获取
考核占比	15%	15%	10%	10%	15%	10%	15%	10%

每个终端每天的进货量都差不多,而且进货频率稳定,配送商与终端可以制定规范的进货流程。每天或每两天进一次货,每次进货量基本相同,根本不需要终端业务员拿订单。由于缺乏量化指标考核,业务员的工作内容也变"虚"了,这支队伍逐渐成了信息收集队伍。

这是很多实施深度分销模式的企业的通病,如果没有督导队伍监督业务员的工作,业务员的工作一定会打折扣的。

这值得我们深思:深度分销只是一种渠道模式,甚至可以把它看成一种精细化的管理思想。深度分销队伍使渠道规范化、扁平化、良性化发展后,企业可以考虑转换甚至撤销深度分销队伍。

企业可以采用ABC终端分类法则(见图7-1),只要服务好80%的A类终端,就不会影响大局。所以,A类终端应继续由深度分销队伍提供服务;取消B、C类终端的深度分销拜访队伍,让他们回到销售部,并由督导负责对这两类终端每月一至两次的拜访工作,将获得的信息反馈给经销商,由经销商推进具体业务。

由图7-1可知,深度分销队伍完全可以根据企业需要进行转换。

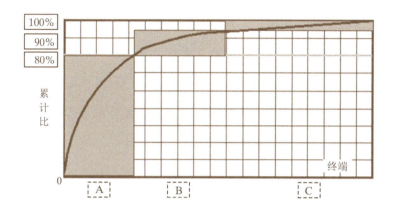

图 7-1　ABC 终端分类法则

企业可以转换渠道模式

如果我们知道有哪些渠道模式,并且知道各个渠道模式的适用范围及条件,就有可能转换渠道模式。

如图 7-2 所示,根据企业对渠道成员的管理深度来划分,可以将分销模式分为以下几种渠道模式。

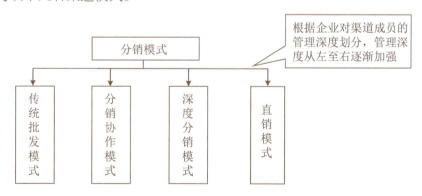

图 7-2　主要的渠道模式

为了加强对渠道的管理,天津可口可乐公司将市区的 101 渠道系统(深度分销模式）转变为直销模式，将销售与配送分开，企业拿订单，渠道成员只负责配送，或者由企业找运输公司负责配送。

当然，如果不在市区，而在一些做过深度分销队伍开发的边远郊区或者二、三线城市，企业可以考虑在时机成熟时，逐渐将营销管理交给经过培训的经销商，即跳过分销协作模式采取传统批发模式。

外部市场环境的要求

知道可供选择的渠道模式，也知道渠道模式有成功转换的可能，那么企业应该在什么情况下转换渠道模式呢？这要看企业的实际情况了，根据实际情况解决实际问题。

不要轻易对市场做出主观判断，要尊重事实，用科学的方法确定转换渠道模式的条件是否成熟。

我们认为，占有率、覆盖率、投入费用及效果、终端及各级经销商情况、反应能力、抗竞争能力等，都是评判企业能否将深度分销模式转换为其他渠道模式的重要指标。我们可以在收集到大量数据和事实的情况下，对以下指标进行评分，也可评估竞争对手的指标，做到心里有数。渠道模式转型指标如图7-3所示。

图7-3　渠道模式转型指标

内部环境的要求

外部环境因素固然重要,但内部环境(管理)也很重要。图 7-4 是深度分销模式转换对企业内部管理和人员方面的具体要求。

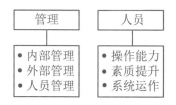

图 7-4 深度分销模式转换对企业内部管理和人员方面的具体要求

如何进行有步骤的转换

在考虑好内外因素并且对撤销队伍和转换模式有相当的把握后,企业如何操作呢?具体步骤如下:

第一步,终端摸底。企业如果做直销,那么每个终端都是可口可乐公司的客户,所以终端摸底必不可少。

第二步,扶持并培养配送商。可口可乐公司要完全舍弃传统批发商的流通方式,就要提前将一些小的区域配送商纳入培养计划。

第三步,"砍掉"所有大批发商。"砍掉"所有大批发商或者将其调配到周边的郊区开拓市场,这是可口可乐公司长期系统性运作渠道的结果。如果从全国性的市场体系来看,可口可乐公司花在传统批发商上的精力越来越少,北京市场虽然还有大批产品在传统渠道流通,销售额几亿元,但配送商仅两三个而已。

第四步,招聘、培训直销业务员。直销业务员与终端业务员的区别是,直销业务员有自己的销量指标,将销量作为主要的考核指标,而终端业务员主要提供服务、协助销售。通过调整考核指标，原来的终端业务员就可以转型成为直销业务员。

第五步，业务连线。业务连线即直销业务员与终端和配送队伍对接业务。直销业务员一边与终端对接业务、拜访终端、获得订单，一边与配送队伍对接业务，完成发货、送货工作。

7. 移动互联时代，深度分销还有效吗

深度分销是否应因移动互联时代而退出历史舞台？曾在华夏基石十月论坛上，深度分销之父包政在与彭剑锋老师等去了一趟硅谷后，回来在如此正式的场合宣布他不再研究深度分销了！

难道就因为电商，所谓的去中间化、去中心化，渠道的精细化深度分销就无效了吗？

您是否还在实施深度分销上徘徊？假如您正在实施深度分销，那后续怎么办？

先看看深度分销的理念核心

深度分销的核心是：有组织的努力，超越行业领先者、勇闯第一、六定法则。

（1）有组织的努力这一理念的提出，就是因为原来是猎手，或者是"一招鲜"，基本都是个人行为，基本是个人英雄主义。现在要通过组织化的努

力，使个人能力转化为组织能力、体系化、系统性、可持续性地在市场上搏击，才能打败对手，成功上位。

（2）超越行业领先者、勇闯第一。这就是说，深度分销在初期推出时，纯粹是一个销售行为，并没太多提到关注消费者，从营销的角度出发。即表明其在沟通、互动、消费者营销上，是有缺陷的。这也正是后期有人提出深度营销的缘故。

（3）六定。即定人、定区、定时、定线、定点、定期，就是将工作固化、流程化、标准化。实现复杂性、非标性工作的标准化管理，从而便于外勤工作的管理（管理即是管理共性），实现工作的效率、效果以及效益。这使整个企业的一线工作上升了一个台阶——可管理化深度分销是否还能搞？答案是还要搞，我们不妨从此分析起。

深度分销理念是否还有效

移动互联以来的这几年，企业与经销商可以说都是懵懂的。被各种模式、概念、风口搞得云里雾里。在笔者写下这些文字的这一刻，企业还是业绩下降，经销商还是茫然，各种创新也是不知明日。我们回想以前十多年，也就这几个概念：渠道（终端）为王、深度分销、KA、生动化、动销等。而现在，就这些 KOL、商业模式、"羊毛出在猪身上"、2B2C、F2C、平台、自组织、去 KPI……就已经将我们弄得一头雾水！

除开变革时代的不确定性外，不能预知与洞察未来，看不到趋势，主要还是看深度分销的核心理念能否在现实中进行落地印证。

结合移动互联工具与系统，我们来看：

（1）一定是要组织化的。企业和渠道商混沌的原因，就是在变革时代，没有成形的章法可循，一切都得自己摸索，这种摸索是无组织化的摸索、无组织化的运营，成本很高不说，方向也很难确立。但是，一切都将从无序到有序演化，一切都会朝结构化和组织化方向发展。

场景展现：继续实施工具化的访销管理，升级到即时真实图文或影像化的终端管理；通过SFA（服务功能管理器）实现驻外人员的远程管理；通过移动互联实现客户的部门化管理；等等，其实都是组织化加强的表现。

（2）企业营销有两个方向，一边是满足消费者，一边是迎应竞争。深度分销的产生，基点是迎应竞争。

场景展现：移动互联是规避竞争的利器。移动互联首先改变的是互联互动，通过一定的结构化互联互动（其实就是将企业价值链成员纳入一个移动互联软件系统，进行组织化的紧密互动沟通），将以前的CRM（客户关系管理）、DMS（数据库管理）、终端管理、全部纳入移动系统，这样，竞争资源与能力就全部掌握在自己手里，将竞争对手远远甩在你自己的运营之外，较易取得竞争的成功。

（3）各种的流程化、标准化管理，这曾经是传统时代消费品整个大行业主张的。而在移动互联时代，更倾向于标准化下的灵活性管理。

场景展现：将业务人员的目标计划等按人、按时间（而不是定人、定时、定区域、定线等六定）分解后，业务人员在移动互联系统的协助下，可自行进行每日甚至每月的工作安排，过程中主管可指派重点工作给业务人员，业务人员也按工作基本要求进行移动互联的工作汇报，在每天以及每月的工作之中，业务人员的工作过程与业绩都通过移动互联系统进行自动汇报与共享，并且主管可在过程中指挥、督导、协调、帮扶销售人员来完成业绩。这样，甚至可以将原来的深度分销的"六定"升级到"一定"（即能将销售人员每天的业绩完成定下来）。

首先，如果我们不排斥一个道理，即在任何时代，投入产出只要不是无厘头的、不对称的话，业务工作只要能做到终端甚至消费者，这是条不必怀疑的路，那么，从以上分析来看，在移动互联时代还是可以继续探讨深度分销的。

深度分销的新方式、新工具

首先，毫无疑问，移动互联时代的深度分销，当然是线下工作与线上的经营管理系统相结合了。否则跟原来有什么区别呢？或者说，还能找到脱离移动互联的核心——软件或工具的最好方式吗？

其次，将深度分销的精髓结合移动互联特点，融入新的深度分销业绩系统中，进行顶层设计与开发。开发必须包含以下几个方面的内容：

（1）将业务员的业绩计划、目标包含，便于业务人员进行订单管理、自我业绩管理与改进。

（2）将业务人员的过程工作包含，便于业务人员进行区域管理、过程管理、路线管理、客户管理等。

（3）将业务员的业绩实现路径包含，并且关联到主管，便于对过程进行指挥、协调、控制、帮扶。

（4）将客户纳入体系管理，甚至是部门化管理，以及对人、财、物进行真实、即时管理。

（5）建立移动互联培训、招聘通道，提升销售人员能力。

（6）建立各级、各部之间的沟通协同通道，打破部门墙与科层界限，实现以业绩目标为目的的深度"合"销。实现对原深度分销模式的升级。

最后，将系统应用到各相关部门与人员，进行区域试点、试错与升级。

应用一段时间后,你会发现,在移动互联时代,企业可以比原来的深度分销更具深度地开发自己的业务工作并卓有成效。

当然,最后还要特别提示的是:原来的深度分销开展下来后之所以会受到质疑,就是因为工作人员及费用投入太大及工作太标准化导致人们实施麻木,并且在实施一段时间后并没进行转型。同样,移动互联时代,我们只是结合移动互联的先进性来实施业务工作,来解放业务人员、经销商、终端等整个价值链上的成员,来提供更好的方式、方法、工具去实现业绩,而不是去束缚、管控住业务人员,从而导致企业退化。

第八章　销售组织设计与人员管理

1. 组织目标不只是完成销量

很多企业在建立区域销售组织的时候都有一个非常明确的目标,即该区域销售组织成立以后,一年内要完成某种任务。企业深信,对待区域销售组织人员,你不压他们,他们就会找各种理由不完成任务。

区域销售组织主管想通过一系列手段将市场整治好,但是这些手段不能在短期内完成销售目标,即使有利于企业取得长期利益,也会被总部怪罪或处罚。

在这种"只问结果,不问过程,销量第一"的思路影响下,似乎很难完成销量目标,销售区域内还出现了许多令总部头疼的问题:产品越来越难卖、价格越来越低、促销活动越来越多、人员怠工现象越来越严重、人员流动速度越来越快……

区域销售组织要实现销售目标本身无可厚非,但区域销售组织是一个有机体,不是完成销量的机器。区域销售组织是一个市场管理组织,只有这个组织运行良好了,才有可能完成销量。

良好的市场管理是基础

很多决策者采用"拍脑袋"的方式管理市场,还美其名曰"经验告诉我应该这样做"。在环境日益复杂、竞争日显激烈的市场,这种"拍脑袋"的方式已经行不通了。

区域销售组织的目标是管理好市场。所以,区域销售组织工作的第一步就是详细地了解市场,然后尽可能详尽地分析市场,制订有针对性的市场管理计划,这样才有可能完成销量。如果企业总部只想一步到位,在急功近利的决策者的指导下,就会产生急功近利的执行者,区域销售组织就会在不知不觉中走错方向。

企业的总体目标是第一位的

各区域市场目标要服从企业的总体目标,企业的总体目标是第一位的。

很多企业领导者习惯将区域销售组织形象地比喻成"扯着线的风筝",区域销售组织既能被总部控制,又能在自己的领域内"自由"翱翔。如果没有总体目标和统一的标准,风筝很容易绞在一起"打架",总部也分不清到底是"谁在咬谁",这也是窜货或经销商的经销区域问题很难得到解决的主要原因。

企业建立区域销售组织不仅是为了实现某一区域的销量目标,还为了实现整个区域销售组织的总体目标。有时,企业为了实现总体目标会牺牲某一区域的利益。企业需要加强各个区域销售组织的合力,为实现更大的销售目标而互相协作、共同努力。

因此,区域销售组织不仅是"扯着线的风筝",还在总部的整合下与兄弟区域销售组织形成"拳头"。一是可以减少内耗,借力打力,例如,在某一区域市场铺货时,可借用兄弟区域市场的人做铺货工作;二是能形成合力,在需要向竞争对手发起进攻时,能给竞争对手一记重拳,例如,共同组织狙击竞争对手降价的行动,共同抢夺竞争对手的经销商的下线客户等。

加强市场功能

总部总是追问区域销售组织的销量指标完成没有,还差多少没完成,区域销售组织人员像被鞭子驱赶似的跑市场、争订单、抢回款、跑客户,当总部市场部需要下属组织机构内的市场资料时,得到的回答往往是:"这个月销量完不成,根本没有时间收集市场信息,你们要的资料我根本没时间整理!"逼急了,他们就随便写几个数字交差了事。

而总部对这些资料的真实性缺乏考证,以此为依据做下一步的市场策划,毫无疑问,政策是无效的。所以,要想实现市场管理目标,企业就要重视区域销售组织的非销售功能。

加强企业区域销售组织的市场功能,增加市场人员,加大市场部对销售区域组织的渗透,这是营销组织创新的重要方向。

加强对销售功能的专业化服务力度

加强区域销售组织中的"非营利"功能,并进行专业化细分。"非营利"功能,即辅助实现销售目标的功能。例如,可口可乐公司花巨资成立助销队伍,成立专门的督导部门,招聘生动化服务人员,因为市场的整合需要很多专业化服务支持。我们提倡企业为渠道成员提供更好的服务,却忽视对区域销售组织销售功能的"服务"。比如,助销员可帮助业务员做客户谈判、签订协议等工作，督导员能更好地监督业务员有效地工作，生动化队伍能帮助销售点提高销量。

企业只有提高专业化水平才能永远做领跑者，只有得到"非营利"功能的支持，才能带来更多的利益。在微利经营时代，与竞争对手相比，单纯的业务拜访运作很难和竞争对手拉开差距，通过"非营利"组织成员的服务实现业务增值，才能领先一步！

以人为本

业务员对"封疆大吏"顶礼膜拜的时代已经过去了，对区域销售组织成员来说，驻外永远是一份苦差事。从个人角度来看，长远发展似乎永远没有驻总部人员有优势，取得成绩是因为有总部的支持，没有取得成绩就是执行不力，要自己承担责任；从市场角度来看，"人在江湖，身不由己"，虽然拿着企业发的工资，但权衡市场与企业，不得不向经销商偏移。企业如果不为区域销售组织成员做长远发展规划，他们就很难站稳，或者会向渠道成员偏移，或者放弃这份工作。

尊重业务员，为他们设计合理的发展规划，肯定他们对企业的贡献，这是对区域销售组织最大的鼓舞。

2. 组织设计要顺应市场变化趋势

区域销售组织建立起来后,具体如何运作、如何管理、如何有效控制等问题让企业管理者伤透脑筋。很多企业经常调整区域销售组织,试图改善区域销售组织运作状况,但这种调整没有整体思路指导,不能有效地解决实际问题。

怎样才能创建一个良好的区域销售组织,为区域市场管理打下坚实的组织基础呢?关键是明确区域销售组织的目标,对市场需求做出快速反应;使市场营销效率最大化;代表并维护消费者的利益。

只要区域销售组织具备实现上述目标的功能,就可灵活创建组织架构,就可灵活运作渠道,很多区域市场管理问题就能迎刃而解。

A 饮料公司的区域销售组织进化

第一,区域销售组织的起步。

A 饮料公司在某区域市场由于缺乏市场基础和销售基础,所以不想投入太多的人力、物力，而是让一位有销售经验的销售经理牵头，带领三个有丰富销售经验的业务主管，以项目组的形式进入该区域市场。

四人项目组主要的工作是做市场调研，并依据市场调研结果寻找合适的渠道成员，在半年内熟悉市场情况，并在所在区域市场的五个市场内各开发一个客户。半年后，项目组工作圆满结束，项目组解散，一位主管继续"留守"并开展下一步工作。

项目组虽然采取了最简单的区域组织结构形式，但非常实用，对市场变化做出快速的反应，使营销效率最大化。

第二，区域销售组织的确立。

项目组结束工作之后，公司按照地理区域划分了区域销售组织：该区域市场共有五个行政区域市场，分别由五位业务主管负责，原来留下的主管担任该部门的副经理并主持工作。

由于公司重视超市卖场渠道，该公司的超市渠道由总部KA部管理，区域销售组织协助管理，包括所有超市卖场的合作谈判与协议签订、订单传递、账款赊欠与申请、促销计划与安排均设在总部，而发货、退货、换货、日常业务沟通、生动化陈列、促销活动由区域销售组织执行，如图8-1所示。

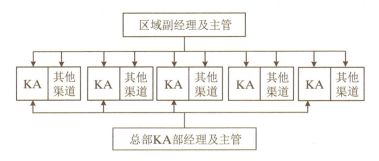

图8-1　总部KA部管理超市卖场渠道

采用这种管理方式以后，公司不但没有因为"多头管理"（宏观管理与微观管理相结合）而出现部门推诿和扯皮的现象，反而提高了办事效率，既符合统筹安排的要求，又注重了实际操作的灵活性，提高了产品销量。

第三，区域销售组织的创新。

随着公司市场管理的深化，公司需要深耕市场，原来只为经销商提供服务的销售观念必须改变。除了为经销商服务外，公司还必须直接掌控每个区域市场近百名二级批发商，并渗透至零售终端。为此，公司在多次论证的前提下推进区域销售组织改革。

每个区域市场都有客户资料调查、新产品铺货、带货销售（车销）、生动化陈列、促销等任务，如果这些任务由几个人以组建工作组的方式开展，效果比一个人单枪匹马做好得多。因此，公司按照多功能项目组的形式设计区域销售组织，发挥整个组织的各项功能，从而使效果与效率最大化，如图 8-2 所示。

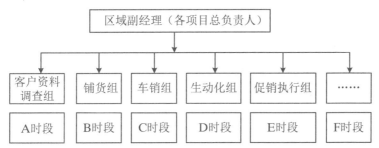

图 8-2　公司按照多功能项目组的形式设计区域销售组织

我们看看该公司为该区域市场制订的全年计划的部分内容，如图 8-3 所示。

为保证工作不流于形式，更好地开展工作，公司还合理分配人员，使各工作组的组织机构更加合理。这种方式能聚合最多的资源，完全不拘泥于形式，突破了人员、时间、空间的限制。将每项任务拆分，就像生产不同零件的车间，整合起来，就像一条流水线，如表 8-1 所示。

2017—2018年	12	1	2	3	4	5	6	7	8	9	10	11

说明：

- 2017年12月重点：进行市场调查，进行二批商和零售终端资料调查登记。
- 2018年1—2月重点：新品上市，进行新品铺货。
- 2018年3—5月重点：与经销商一起进行带货车销，并进行二批服务和零售终端拜访服务。
- 2018年6—8月重点：销售旺季，进行各区域销售跟踪和促销政策的执行。
- 2018年9—12月重点：生动化开展示 陈列活动等。

图 8-3　区域市场的全年计划

表 8-1　任务拆分表

2017—2018 年	12 月	1—2 月	3—5 月	6—8 月	9—11 月
组织形式	市场调查组 每周五天	铺货工作组 每周三天	车销业务项目 每周三天	日常业务及 促销执行	生动化项目 每周三天
日常拜访	每周一天	每周三天	每周三天	每周六天	每周三天

将工作任务有效拆分并合理整合，也是一项创新。

区域销售组织创新的优势

A 饮料公司在区域销售组织的创新实践，促进了区域市场的发展，除销量大幅增长外，还解决了以下问题：

（1）解决了管理问题。驻外区域销售组织在地域上超出公司总部的管理范围，有效管理驻外区域销售组织一直令公司总部头疼。采用任务分拆模式后，灵活多变的销售组织架构让驻外人员对总部减少了距离感，提高了工作积极性，并从中学到了更多的业务技能。

（2）解决了市场问题。通过对边远小镇和小村庄的调查和走访，建立了零售终端档案,即销售关系。扩展市场、打击竞争对手(竞争对手的业务员可能几个月才来这里一次,更不用说进行售点拜访了);开发了大量的二级批发商,销售区域市场内已无空白点;经销商销售工作更轻松了,同时,解决了大批发商截留促销政策的问题;重点关注重点客户。

(3)解决了可持续发展的问题。任何一个销售环节出问题,都会使整个市场陷入瘫痪,通过精细化管理,公司能深入运作和管理所有销售环节。

总体看来,除了个别业务需要按部就班、进行严格的路线拜访外,其他业务都可以采取灵活多变的销售组织方式。对企业而言,节省了大量的聘请调查公司做市场调查的费用,节省了市场开发的时间,促进了市场精细化管理的进度,提高了员工的工作效率,激发了员工的工作热情,提高了团队合作效率,加强了市场管理力度;对员工而言,丰富了工作内容,有了更广阔的发展空间;对渠道成员而言,公司投入了大量的人力,开发稳固了经销商的销售网络。

3. 总部要有为一线区域市场服务的意识

张总是某黄酒企业（A品牌）的销售总监，他手下有几个得力的销售经理，其中，浙江市场的姚经理精明干练，有望把浙江市场做成公司的样板市场。但是半年过去了，浙江市场非但没有起色，反而有衰退的迹象：终端促销被竞争对手（B品牌）压制，差点被挤出市场；市场占有率降低、渠道受阻、竞争力明显下降，为什么会这样呢？究竟是产品有问题还是市场运作有问题？抑或是销售经理有问题？

（1）就产品和品牌而言，A品牌的黄酒的质量、知名度和品牌的美誉度都很高，在浙江市场也有一定的群众基础。喝黄酒，甚至喝A品牌的黄酒已经成了当地消费者的习惯，为什么市场会越做越差呢？

（2）就宣传而言，双方的广告投入都不少，甚至在中央级媒体展开争夺战；B品牌的黄酒与A品牌的黄酒差异不大，宣传概念和宣传诉求点基本一致，不足以激发消费者的购买欲，让消费者钟情于B品牌。

（3）就销售经理而言，负责浙江地区的姚经理是全公司能力最强的销售经理之一，有丰富的市场运作经验，运作浙江市场对他来说应该不是难事，为什么这次却接连败北，处处受 B 品牌的压制？

（4）就市场运作而言，姚经理的市场运作计划可以落地执行，策划周详、细致也不失灵活性，这样的运作计划执行效果应该不会差到哪里去。

（5）就盈利模式而言，餐饮、超市、批发渠道都已经开发出来了，都有销量贡献。

（6）就绩效考核而言，公司有统一的考核机制，浙江市场也有一套考核系统，两者结合起来，能有效控制销售人员。

百思不得其解的张总决定私访，亲自走访市场进行调研，并打算与他的得力干将姚经理深谈一次。经过半个月的市场走访，疲惫不堪的张总和满腹苦水的姚经理做了深入沟通。

张总认为，浙江市场的运作存在问题，计划虽然周详，但是运作起来难免有出入。他说："我看过春节促销计划书，也认可你的操作方式。但是，一方面，我们的春节促销活动比竞争对手迟了几天；另一方面，活动有些"粗糙"，有的超市连 POP 都没有，更不用说其他的辅助宣传材料了；促销人员没有经过培训，不能说出我们的产品特色；促销的礼品数量少，设计风格与公司的总体风格不符。有的超市，促销货物明显准备不足，甚至一度断货 3 个小时。"

姚经理听后既尴尬又无奈，说："正如张总所说的，春节的促销计划很久以前就报给总公司了，但是总公司迟迟不做批复，我催了很多次才批下来，结果又不给促销费用。我们需要的资源，如终端 POP、易拉宝、礼品袋等终端物料，市场部也没有准备充足，送过来的物料明显不够，而竞争对手 B 品牌的促销活动已经开始了，在不得已的情况下，我只有把自己的家底拿出来与经销商合作，先做促销活动，所以难免有缺陷。我们计划早，启动晚，素质高的黄酒促销员早就被竞争对手招聘过去了，我们又没有时间和能力培训新的促销员，后来请市场部的人员协助，他们又没办法协助培训。这次活动我们很被动，明显没有达到预期效果，这是我准备不充分造成的。"

姚经理抓住这次难得的机会，把他上任半年来的很多疑难问题都与张总沟通，从渠道整合、市场开发、绩效考核三个方面做了总结。

（1）渠道整合。我们按照总公司的要求，同时运作餐饮、超市、批发等渠道，但是哪个渠道也没做好。比如，我们高价买断部分酒店销售渠道，但是我们有好几种产品都亏损。我几次建议市场部调整酒店策略，重新开发适合酒店的产品，但都没有回复。

另外，浙江市场并非只有我一个人做市场，总公司的直销商不在我的管理范围内，他们的产品价格低，我辛辛苦苦打开的市场转眼间就垮了，几个经销商还轮番打起了内部价格战，很多经销商因为无利可图，便放弃销售我们的产品。

（2）市场开发。您答应给我最好的政策，让我运作浙江样板市场，但是我如何兑现政策呢？我做促销，财务不给费用，市场部不给物料；我要开发市场，不能及时支付进店费、上架费、买断费，等公司的钱来了，事情也"黄"了。开发市场需要的终端物料、宣传物料、产品手册都是临时准备的，没有一次是提前准备好的。

（3）绩效考核。对管理人员和生产人员来说，公司的考核政策能够激发他们的工作热情和提高他们的工作效率；对销售人员来说，考核政策并不适合他们，因为政策没有以市场开发为导向。

没有比总部"总不作为"更让区域经理气馁的事情了！

没有比市场"销售失常"更让营销总监着急的事情了！

这不仅是营销策略有问题、营销体系出问题那么简单。一线业务员也有问题，他们做事没有计划，喜欢临阵磨枪；他们不喜欢系统与规范，喜欢灵活、机动；他们不喜欢科学的管理，喜欢凭经验运作市场。除此之外，他们以竞争激烈为由，获取更多的资源与政策；以人手不够为由，拒绝推广新产品；以市场活动方案不符合实际情况为由，拒绝与总部市场部合作……

在竞争激烈的营销年代，应以直接面对市场、快速对市场做出反应作为检验工作的重要标准。

除一线业务员及时汇报情况，让市场部人员了解自己区域市场的实际情况并提供支持外，市场部人员也要思考并认真做好以下四件事。

执行是最重要的策略

很多市场部人员喜欢把工作分成策略制定层面的工作与执行层面的工作。他们坐在办公室里思考、讨论，制定好策略后，让各区域市场执行，如果执行的效果不好，他们就将责任推到执行者身上。其实他们对策略能否成功执行也没底。

现在，越来越多的营销咨询公司除了为企业制定策略外，还必须跟进策略执行工作，一个策略的成功，95%在于执行。

所以，市场部人员在制定策略前了解情况，制定策略后与一线业务员共同执行策略或跟进工作，是实现目标的关键因素。

将服务当作管理的基石

对消费者来说，服务是一种产品。但对一线业务员来说，服务则是一项重要的职能。

当一线业务员全心全意地为消费者服务时，他们的服务能力从何而来？主要是来自总部的支持。如果总部没有服务市场、服务一线部门的意识，企业服务市场的能力肯定会大打折扣，这些能力包括运输配送、残次品及质量问题处理、售后服务、区域开拓、消费者沟通等。

讲服务很难，做起来更难，但总部市场部人员一定要想到，企业的收入都来自市场，总部员工的衣食父母不是他们的领导，而是市场。

将情境领导当作领导的必要环节

在激烈的竞争环境中，领导艺术并不是"运筹帷幄之中，决胜千里之外"。现在，营销是肉搏战，现场发号施令与指挥更能赢得竞争、取得优势。

领导力从何而来？领导力要有群众基础、事实基础，环境不同，基础也不同。

将向下沟通当作向上沟通的资本

领导安排工作时，一般会说"先跟下面的区域经理沟通一下"，而不是说"将部门的意思传达（安排、分配）下去"。为什么现在都用视频会议进行双向沟通，而不是让一线业务员接受指令？这是因为，与一线业务员沟通越多、越透彻，就越容易发现问题，越能找到解决问题的办法。向下沟通让总部发挥了管理职能，是提高总部员工能力的不二法门。

总之，从张总的困惑可以看出，关键问题不是市场运作，也不是销售经理的问题。那些近乎完美的产品、品牌、宣传、市场运作方法、盈利模式、绩效考核指标，为什么到头来都出现了问题，并且其他重要的区域市场也出现了问题？难道不是总部市场部人员制定的策略不切合实际？难道不是总部市场部人员缺乏为一线业务员服务的意识？难道不是领导及领导部门缺乏现场指导能力？难道不是总部与一线区域市场缺乏深入的沟通？

一线区域市场是总部这块土壤上的一棵苗，即使它们长成了大树，若离开了总部这块给它们提供生存资料的土地，也不会有什么作为。

4. 领导忙、员工闲，怎么办

核心问题是目标没有分解透彻

宋总又到一线市场视察工作了，你不要以为他很忙、任务指标很高，其实，他是在办公室里太"闲"了。

宋总是可口可乐公司某区域市场的老总。为什么外资国际巨头企业的领导那么"闲"？

其实，他们不闲，他们的工作是负责前期的战略规划和过程管理，包括基本战略规划的计划、组织、指挥、督导和控制。

可口可乐公司的领导将公司的经营目标分解到每个人、每个时间段、每个产品、每个客户、每个区域市场，并针对每个目标制订年度、季度、月度策略，费用计划，以及人员执行步骤，从计划、组织阶段进入指挥、督导与控制阶段，一环扣一环，使每项工作都能顺利进行。宋总在做督导与控制阶段的工作，当然要到处"闲逛"了。

反观其他企业的领导，由于没有梳理好自己的工作，结果从年初到年末都在做规划、分解目标、做督导与控制阶段的工作、做救火工作，能不累吗？很多疲惫不堪的领导不妨想想，如果你的经营目标没有完全分解到每个业务员的每项具体业务中，说明你的工作安排就不到位，一线业务员的工作就没有方向、没有目标。如果一线业务员没有公司的政策与方案的支持，他的业绩就有可能打折扣；如果一线业务员没有参加过培训，没有提高实现目标应有的基本技能，他们的业绩还会打折扣。

执行力不够，其实是管理能力不足

很多人认为，雪花啤酒公司的成功是资本的力量与收购的成功。笔者则认同雪花啤酒公司的成功是管理到位与执行力强，从而使其全国性的整合与复制成功的观点。早年，由于经济发展速度放缓，已经没有啤酒企业继续收购企业和建厂，而雪花啤酒公司依然在河南与湖南建厂，甚至有百万吨级生产力的生产厂。

笔者从职业经理人转行做咨询后，曾拜访了雪花啤酒公司的全国营销副总裁，我们在办公室里聊了一天，我没见他接电话、开会、发邮件……雪花啤酒的员工工作井井有条。

企业的领导很忙，除自身有问题外，管理流于形式、流程不清晰，以至各部门产生冲突、组织不匹配、人员的职责不明确……这些都是领导忙、员工闲的重要原因。

很多企业不知从何下手，一线业务人员游离于管理之外，最后，很多工作只能领导自己做。在伊利公司培训时，笔者曾提出了"常务业务"的概念。我认为，管理与执行出问题，都是领导或总部的问题，而一线业务员更多的是执行工作。

试点再复制,是解决"一管就死、一放就乱"问题的好办法

沱牌曲酒有几位营销领导,原来都没做过营销或者销售工作,近年来,沱牌曲酒营销改革成功、销量持续增长、市场运作逐渐清晰、消费者接受度越来越高,而这几位领导却一点也"不忙"。

沱牌曲酒导入深度分销模式,进行区域—产品—分销—推广—组织—人员—管理一体化运营,招聘了十几个新业务员做销售工作,使沱牌曲酒的新营销模式取得了成功。在试点成功后,公司趁热打铁,继续招聘新员工,进行试点再复制。沱牌曲酒的销量与影响力迅速提高,业务员工作有条不紊,从成功走向更大的成功。

试点再复制,其实就是将大事化小、小事做好的一种方法,成功复制小事中的所有管理与执行工作,使管理与执行工作简单化、"傻瓜化"。

要让领导"闲"、员工忙,打造执行"内驱力"

马云为什么能让共同创业者死心塌地地跟着他做事业?通过建立自己的企业文化,明确愿景、使命、价值观与企业精神,让员工产生执行"内驱力"。

一个人如果没有"内驱力",是不可能把事情做好的,甚至会产生反作用力。如果领导没有个人影响力,就要通过文化打造,从而产生积极向上的、迎合战略的、针对目标指向的组织影响力。在这种组织氛围下,员工个人和组织融合,组织又是积极向上的组织,那么这个组织的组织"内驱力"就会越来越强大。

5. 用体系防止员工犯错

有一次，笔者与几位咨询公司的管理者到厂区办公，路上讨论了事业部业绩下降，该事业部的领导如何向总部汇报改善管理的问题。该事业部领导认为，业绩下滑是员工的执行力有问题，所以他加大了执行力的考核力度，如发现该事业部的核心市场有一个空白点，就罚款 50 元（啤酒行业）。在大家都说该措施肯定无效的同时，我不禁想起以前在雪花啤酒公司做全国总监级以上员工培训时的案例，以及在日本学习成功企业的管理经验的经历。

雪花啤酒公司曾经对全国区域市场总经理及区域营销系统总监级以上的高管进行了共八期、每期八天的系统性培训。在培训期间，笔者作为此次培训的主力培训师与各区域市场的老总进行了深入的沟通。

在一次培训课上，我问了一个现实问题："业务员如果在执行过程中不听领导安排并犯了错误怎么办？"

某区域市场的销售总监站起来，毫不犹豫地回答："罚！惩罚后他们就老实了！"

我没想到他会这样回答,培训是为了引导学员朝正确的方向思考与行动,这明显不是我想要的答案。我问:"如果你没有惩罚的权力,还要取得更好、更持久的效果,怎么办?"

....

为什么员工会犯错

一位销售副总经理曾对我说:"我们这种类型的改革已经开展三次了,但都没有成功。原因在于员工在执行过程中执行不到位,即使有标准化手册,也因为环节太多、太细,且与以前的粗放式操作模式差异太大,员工在执行过程中很容易出错。出错多了,就很难沿着正确的道路继续前进了。"

为什么员工会犯错?

很多领导认为,是员工的经验不足、素质太差。员工则认为,领导没有给他们学习机会、培训机会,没有激励措施、竞争压力太大、领导只会安排不会管理。

为什么员工与领导在犯错的原因认知上会有如此大的差异呢?

优秀的企业认为,员工犯错,是企业的系统、模式、培训、管理有缺陷造成的,所以,他们愿意改善系统、模式、培训、管理。即使经验不足,也会建立"传帮带"的机制,让员工快速成长。

一般的企业认为,员工素质太差,他们不执行企业的决策,看不到方向,找不到方法,领悟不了企业的意思,能力不足,态度恶劣或不端正。

纵观国内快消品企业,很难说一家企业的员工能力比另一家企业的员工能力强,所以,员工犯错主要是因为企业在员工的知识培训、技能打造、态度激励上有所欠缺。

如何防止员工犯错

一般来说，员工会在四个方面犯错：

一是知识。没有足够的专业知识致使其经常犯错。

二是态度。态度不端正，工作懈怠，抱有投机取巧的心态。

三是技能。在技能上遇到问题无法解决。

四是管理。不知道怎样管理自己的时间、工作流程、目标，做事效率低下。

要防止员工犯错，需要企业针对上述四个方面寻找解决办法，至于在细节工作上犯错的员工，可安排有经验的管理者或老员工对其进行前期培训，使其降低犯错率。

共同寻找解决办法并让其执行，是最好的"惩罚"犯错员工的方法

去日本丰田公司参观并接受培训时，笔者发现，丰田公司的员工很少犯错。原来，在丰田公司的制度与管理里，根本就没有"惩罚"两个字！丰田公司的领导认为，为员工提供优质的运转系统、可靠的方法、有效的工具，就一定能让其取得好业绩！所以，他们的JIT管理（Just In Time，准时制生产方式）、看板管理、职场活性化、先行改善，以及层出不穷的经营研究成果，使员工不断提高效率！而中国本土企业，擅长"用大棒"、反向激励、惩罚等手段，员工根本不可能视企业如家，将终生托付给企业。

在雪花啤酒公司，领导们每天"霸占"一个会议室，共同讨论解决方案，尽可能让员工参与讨论。员工参与讨论后，在工作中就能少犯错。

一是他们知道了决策的具体内容，不会因为不理解领导的意思而推卸责任。

二是自己的意见被采用了，不但有成就感、认同感，还会为执行工作扫除障碍。

三是如果是团队执行工作，前期已经沟通过了，在执行过程中就会减少摩擦。

员工犯错，请多从企业系统或管理者身上找原因，正向激励远比惩罚和反向激励有效。惩罚和反向激励只能使员工迫于压力，在短时间内或某项具体业务上推进工作，不利于企业发展。员工做错了，归根到底是企业和领导的问题，帮助员工提高能力，这是有效管理员工的根本途径。

6. 区域销售组织的执行力培训

阳经理是一家大型啤酒集团的销售培训经理,他认为,现在的执行力培训,特别是一线业务员的执行力培训,存在以下问题:

(1)外部培训没有执行力。

(2)过于理论化,经常谈论企业文化、管理制度等,把怎么做一件具体事情的问题提到战略、企业文化、管理、流程高度。

(3)执行力的基本内容不明确。每家企业的各个层面的执行力要求不同,没有规律可循。

如何解决企业内部的执行力培训无效的问题呢?阳经理对执行力培训有自己独到的见解,并将自己的见解升级成一种自创的执行力培训方式,针对一线业务员开展了一次提升执行力的培训。

执行力培训要让企业员工知道执行力包括哪些内容。

阳经理一直考虑这个问题:一线业务员长期驻外工作,主要的工作是什么?他们是否知道这些工作与他们的哪些能力有关?这些能力是否可以通过培训提高?提高执行力的关键因素有哪些?每个区域市场或每个公司的业绩不同,能否说明他们各方面的执行力强弱不同……阳经理从区域分公司人力资源部找到去年的一线业务员的工作职责书,想从这里找到灵感。看着一项项的工作描述,阳经理突然想道:工作职责描述是否是对执行内容的另一种描述方法?执行力就是解决问题的能力,一线业务员的执行力就是解决做好各项工作的能力。

阳经理豁然开朗,将各种职责转化成能力项,并细化各项能力,挖掘一线业务员执行决策过程中的各项能力——执行力。

让一线业务员了解与他们工作相关的执行力有哪些,而不是直接告诉他:你的执行力跟公司的发展关系重大。脱离说教,与员工的实际工作结合起来,员工一定会认真听、积极思考,并自我对比、剖析,从而解决企业培训中最大的难题——员工认为培训就是上级的安排。表 8-2 是阳经理对一线业务员的执行力的总结。

表 8-2　一线业务员的执行力的总结

相关执行力	描　述
业务拜访能力	固定拜访,尽量按时间经济原则进行定时、定线、定点、拜访
客户沟通能力	与客户的全面沟通能力,如进货、送货、提货、货款、回瓶、开发等
内部沟通能力	与公司各层级员工沟通和解决问题的能力
终端开发能力	对终端的全面了解,各终端店的详细了解与沟通及开发,生动化实施等
价格政策运用及促销活动开展能力	价格稳定性、窜货管理、价格平衡;促销活动传达、应用、反馈、调整等能力
自我业务管理及日常管理能力	自我计划、时间管理、各项基本管理工具的运用

执行力培训要让员工和管理者知道执行力的弱项在哪里,欠缺或者还没实施的执行力有哪些。

阳经理将这张表打印出来,去征求老总的意见,并取得老总的认可。

但是他对能否取得下属公司的认可心里没底,老总说:"培训只讲什么是执行力,并不能提高执行力,执行力存在的问题才是提高执行力培训的关键。"

阳经理找到大区经理,与他磋商后做了总结,并按能力强弱分解各项执行力,表8-3是阳经理修改后的执行力自检表。

表8-3 执行力自检表

类别	选项	选正在做的项并按能力强弱排序	选择还没做的项目	自认的弱项
拜访制度执行	1. 基本定时定线拜访 2. 拜访前做好思想准备 3. 拜访前做好物质准备 4. 拜访后总结 5. 有固定的书面的拜访路线表 6. 对线路熟悉 7. 对每一个客户都熟悉			
会议	1. 会议精神领会透彻 2. 会议踊跃发言 3. 会议提问能力强 4. 会议后一定进行总结与反思			
具体客户拜访	1. 客户感情普遍都很好 2. 客户喜欢与你交谈 3. 客户对交谈内容接受度高 4. 客户对个人接受度高 5. 客户投诉情况 6. 善于倾听 7. 善于提问 8. 是否有多种与客户沟通的手段			
内部沟通	1. 与主管沟通较多且愉快 2. 与经理沟通较多且愉快 3. 与同事沟通紧密 4. 与其他部门沟通顺畅 5. 领导是否经常与你沟通 6. 汇报工作是否经常并及时			

续表

类别	选项	选正在做的项并按能力强弱排序	选择还没做的项目	自认的弱项
生动化	1. 一店一张 2. 上店至少有两张 3. 公司安排就做 4. 自己主动做 5. 自己主动经常实施 6. 经常维护 7. 除城管不准外,所有店面都有			
送货	1. 偶尔帮助送 2. 从不送 3. 富余时间就送			
补货	1. 二批客户从来不断货 2. 二批户间或断货 3. 二批户经常断货			
区域/客户开发	1. 经常到未开发区域走访寻找机会 2. 鼓励客户开发新点 3. 每周必开新点 4. 很少开新点			
区域规划	1. 合理 2. 混乱 3. 根本就没管,是领导的事 4. 想过,没法做			
价格	1. 市场价格稳定 2. 价格动荡 3. 窜货 4. 能了解客户的实际销售价格			
促销	1. 能按计划时间开展 2. 客户能理解和执行活动内容 3. 促销资源没浪费和被挪用 4. 计划不走样,不折不扣			
其他活动开展	1. 按时 2. 按质 3. 按量 4. 不与其他区域或活动冲突			

通过这张自检表，企业能了解员工有哪些执行力可推广和发扬，哪些执行力有缺陷和不足，培训师在哪些方面需要给予更多的关注和指导。

企业可以通过自检表发现问题，重点提出某些方面执行力不强的解决方案，真正让员工知道怎么做才能提高执行力。

培训开始了，阳经理对这次培训胸有成竹，并邀请相关领导给予指导。尽量将其由一言堂式的灌输变成有员工热情参与的研讨会，通过研讨，调动大家的积极性，讨论工作中存在的问题并找到解决方案。

阳经理将自检表发给大家后，开始逐项讲解。然后，让员工自我评判，将自己的执行能力排序，找到自己的弱项并努力改进。业务员一直在市场拼搏，很少评估自己的执行力，自检表能帮助他们评估自己的执行力。

阳经理看过业务员的自检表后发现，拜访制度、具体拜访路线、内部沟通存在问题，区域市场规划不明确，主要表现如下：

（1）大多数业务员无固定拜访路线、不熟悉客户、拜访不及时、随意性较强，需要加强拜访前的准备工作与拜访后的总结工作。

（2）与客户交谈时，只知道说，不善于提问，与客户沟通的手段单一。

（3）普遍存在与其他部门沟通受阻的现象。

（4）生动化陈列工作做得较好，但公司安排多，主动性不强。

（5）开拓能力不强。

（6）存在一定的窜货行为。

（7）开展活动的时效性不强。

对此，阳经理制订了培训重点计划：

（1）尽快制定拜访制度，做好拜访前的准备工作与拜访后的总结工作。业务员在熟悉拜访路线的情况下，尽量按时拜访，并加强与客户的联系。方法是：制作客户资料卡、制作拜访路线图、划分区域、参考"拜访八步骤"等。

（2）增强大家的参与意识，在内部交流与外部沟通中加强沟通能力。方法是：提高沟通技巧、异议处理能力、关系营销能力等，加强团队合作的意识，创造更多与其他部门交流的机会。

（3）坚决杜绝二级批发商的窜货行为。方法是：制定价格实施办法、窜货管理制度，协助客户送货。

（4）加强各类活动的时效性，加强促销资源的管理力度。方法是：制定促销活动管理办法，加强促销活动的管理力度。

（5）加强终端建设。方法是：明确终端开发方法、生动化陈列执行步骤、与客户协作开发市场方案。

在具体的解决办法出台后，阳经理强调了业务员提高执行力的几大注意事项：

（1）明确目标、分解目标，明确执行力的方向。

（2）在工作中强调团队协作的重要性。

（3）将知识和技能当成提高执行力的基础。

（4）创造内部沟通和外部交流的机会，通过沟通和交流，吸取同人的宝贵经验，了解自己的不足，找到提高执行力的途径。

通过这次研讨式的培训，大家发现了问题，找到了个人和团体执行力的差距，找到了具体的解决办法，同时，管理者也知道自己需要在哪些方面为员工提供指导。不论是个人，还是团队，都找到了提高执行力的具体办法，满足了业务员提高执行力的需要，也满足了管理者提高整个部门核心竞争力的要求。

第九章 市场管理的工具与方法

1. 员工抱怨报表太多，怎么办

张经理是某企业的销售经理，每天都在市场上"搏杀"，根本抽不出时间去拜访经销商了解情况。从早上到晚上，不断有总部的传真或邮件，让他找齐资料、签名、上报、确认。他的下属也忙得不可开交，除了做自己的业务、填写报表外，还要到市场上寻找张经理填报报表需要的信息和资料。业务员的文件包里，基本上都是各种各样的被公司领导称为"管理工具"的表格，业务员每天要花一两个小时填表。难道企业管理员工、监督员工的唯一办法就是让员工填报表吗？

管理工具不是只有报表

管理工具不是只有报表，可以通过规章制度来约束员工。每家企业都有规章制度，但很多企业的规章制度都沦为摆设，员工可能从来没看过规章制度，企业也从来没做过宣讲。

张经理对规章制度的"灌输"方式并不呆板，他采用了一线业务员最喜欢的"案例式教学法"。

首先，张经理召开"头脑风暴"会议，让大家一起讨论规章制度。

其次，张经理让每个业务员明确哪些规章制度是应该遵守的，哪些规章制度是在以后工作中需要注意的……这样，每个人既能遵守具有共性的规章制度，又能完全针对自己的实际情况做出调整，达到规章制度为我所用的目的。

最后，张经理要求业务员每个月总结一个案例，用于支持某一项规章制度，让业务员逐渐加深对规章制度的理解，真正将规章制度贯彻到实际工作中。

规章制度不一定要由企业统一制定，也可以让员工自己制定、自己遵守，会议形式、拜访过程、客户沟通纪律、账款处理、上班纪律等，都可让员工自己制定，自己管理自己。

管理报表是"死"的，但业务会议是"活"的

张经理是从业务员做到经理的，他的管理风格就是和大家打成一片，没有等级观念。他喜欢和大家坐在一起讨论问题，在与大家的平等沟通过程中完成管理，同时也打造了一个有战斗力的团队。所以，他喜欢利用业务会议等方式管理团队。

他召开的业务会议非常有特点，他只把自己当作主持人、乐队指挥，让业务员轮流召开会议，帮助其做分析、管理。他不时在会议上进行引导、纠正和鼓励，让大家在开会之前不得不为这个平等沟通的会议做好准备。

业务员在做好工作的同时，还要考虑其他同事工作中存在的问题。这样，不仅带动了大家的工作积极性，还极大地提高了大家分析问题的能力，大家

的思路拓宽了，员工之间的沟通障碍也就消除了。

如果业务会议运用得好，管理报表上枯燥的数字、随时变化的竞争动态，都能通过灵活多变的业务会议变成生动的决策分析资料，甚至能使领导当场做出决策。这样，报表也真正发挥了管理效用。

报表要与关键考核指标挂钩

很多企业只将报表当成员工必须完成的一项工作任务，在考核、激励、管理过程中，根本没有关键指标，"眉毛胡子一把抓"。

张经理认为，管理的目的是实现销售，报表填写不能舍本逐末。业务员每天不能有太多的重点工作，业务员一般只对销量、产品覆盖率、生动化陈列等负责，这些内容作为报表重点内容即可。所以，张经理与大家讨论时，废除了很多没用的表格，只保留了三张表格——日拜访推进表、销售情况表、市场信息表。

报表填写并不要求面面俱到，面面俱到就代表"面面没到"，员工辛辛苦苦填写的报表最后都变成了废纸。但是，企业要根据每月不同的重点工作、考核重点，适当调整报表的重点内容；或者固定报表，针对每月的重点工作，员工多填一张当月重点工作报表。

报表不是管理的全部工作，根据关键考核指标削减没必要的报表，多运用灵活的、能发挥员工主观能动性的方法，往往能取得很好的管理效果。这样一来，无论是领导、主管，还是一线业务员，都不会为填写报表感到头疼了。

2. 大区经理如何做月度分析报告

月度分析报告变味了

各大区经理在每月月底都要汇报月度工作。力乐啤酒公司的销售总监朱骏一边挂电话，一边气恼地说："费用，费用，就知道要费用，就知道诉苦！"话音未落，铃声又响起，这次是中南大区经理赵刚打来的电话，"朱总，本月我们区域市场按公司的要求落实了夏季销售政策，公司给予销售商的旺季进货奖励政策，我们也传达给经销商了。不过现在还没达到公司要求的出货量。主要原因是竞争对手抢在我们前面以相同政策向经销商压货。我们做了不少工作，可是经销商提出，如果多进货，就必须给予比竞争对手更优厚的搭赠政策，可是本月的费用全部用完了，这是我们公司的重要市场，怎么办？能不能再给我们一些费用？"

放下电话，朱骏的脑子很乱。为了做好今年的旺季销售工作，朱骏要求每个大区经理在月末都要认真做月度分析报告，力求全面了解市场情况。考虑到旺季的工作量，朱骏不要求一定以书面形式提交月度分析报告，可以通过电话汇报工作。结果，朱骏不但没能从这些大区经理的月度分析报告中了解到各区域市场的销售情况，自己反倒成了"财政厅""问题处理中心"。

朱骏是为钱苦恼吗

大区经理每月向公司领导汇报销售情况并分析市场，这是每个大区经理每月的必修课。当然，每个公司的汇报方法不同，但是绝大多数公司只关注汇报情况，很少分析情况。也就是说，只是来到领导的办公室或是通过电话将情况告诉领导，最后加一句：市场情况非常严峻，不得不加大投入，否则……在这种情况下，没有经过详细的分析，领导做出的决策并不能真正解决问题。所以，公司领导一定要了解市场情况、分析市场，这是大区经理不断提高能力的过程，也是公司提高营销能力的必经之路。

朱骏之所以苦恼，是因为大区经理的月度分析报告存在很多问题：

（1）大多数大区经理在汇报工作时往往避重就轻，该说的问题不说，报喜不报忧。

（2）不监督工作进程，浪费资源。

（3）没有分析，只将事实呈现给领导，让领导拍板。由于领导不了解情况，做出了错误的决策，从而严重影响工作。

（4）只注重在前线打仗，不注重内部提升，造成内外脱节，公司在市场上越来越没有战斗力。

（5）没有经过分析就制订计划，这是很多企业的缺陷。在实施计划前，根本没有机会讨论它的可行性。

（6）月度分析报告走过场。

"灌下四药",解除苦恼

如何才能让大区经理的月度分析报告发挥应有的作用？首先，要避免月度分析报告沦为"月度问题报告""要钱的门路"等。其次，还要以具体的内容为要求，让大区经理知道月度分析报告到底该分析什么、报告什么，即必须包含哪些内容。

月度分析报告可以做演示，以图表形式获得公司管理层的认可，并且提出的建设性意见让领导参与讨论，得到即时答复，这也是很好的沟通方式。

很多企业的月度报告都是直面问题，却不跟踪上月的问题；有的企业只讲销量，不讲利润，没有经营意识。月度分析报告最好包括以下四方面的内容：

第一，上月情况跟踪回顾。

这是某企业大区经理陈泽做的月度分析报告：自上月执行开盖有奖活动以来，产品销量增长了30%，超过预期。竞争对手的销量受到一定影响，据业务员调查，竞争对手的销量直线下降，虽然在我们推出活动10天后，竞争对手也推出了类似的活动，但和我们相比还有一定的差距……

上月情况跟踪回顾的主要内容包括上月的月度分析报告中提出的问题的解决结果，尽量以对比形式展现，总结成功解决问题的经验，重点寻找没有解决问题的新思路、新方法。

国内企业不缺乏发现问题的能力，但缺乏将问题一追到底的决心。一个问题说了几十遍仍未得到解决的企业很多，除了一线业务员的执行力不强外，整个企业都没有解决问题的毅力，销售会议的论题太多且未找到具体的解决办法。国内企业很怕谈问题，而外资企业的营销会议只谈问题，不谈成绩。做好上月情况跟踪回顾的内容及方法如下：

（1）销量、产品覆盖率和市场占有率的变化及原因——图表法。

（2）特殊考核项目情况跟踪，如生动化陈列、新产品上市铺货、促销政策跟踪等——专项跟踪监督表格和其他管理工具。

（3）上月月度分析报告中的各个关键项目跟踪——对比法。

第二，销售分析。

陈泽说："虽然竞争对手上个月在我们推出促销活动10天后才推出类似活动，但不能忽略的是，他们准备在本月推出新产品，这个新产品以低价入市，在渠道做促销，不针对消费者，目的是形成产品组合，抵御我们的促销。如果竞争对手将产品捆绑铺货，就会找到我们的终端软肋，所以我们能不能在竞争对手新产品上市之前，抓紧时间、集中力量，在终端实施生动化陈列方案，进行终端拦截？"

很多主管、经理，甚至是大区经理、总监级人物，都很少使用分析工具。其实，除了大家熟悉的SWOT分析工具外，还有很多其他的分析工具，但量化分析或对比分析是基本原则，尽量避免凭空猜测、主观臆断。调查市场情况时就可用对比调查法，可将本企业的信息与得到的竞争对手的信息进行对比。市场部经常采用加权评分法，通过将一些不成体系的数据资料用统一标准评分，确定每个指标的重要性（权数），得出量化后完全可以比较和分析的指标。

销售分析内容包括销量分析、费用（财务）分析、价格分析、渠道分析、促销分析等，如果大区经理能熟练运用分析工具，完全有可能将上述分析因素整合在一起。

很多大区经理和一线业务员都害怕与财务部门打交道，也不喜欢与市场部打交道，除了部门的具体工作目标不同（但销售产品的总体目标相同）外，还缺乏沟通。如果在月度分析报告会上，各部门人员互相交流意见和建议，无形之中会为大区经理扫除很多沟通障碍，在具体执行问题上也易达成一致。

（1）销量分析：对比分析法、内部因素分析法、关键点分析法、竞争因素分析法等。

（2）费用（财务）分析：投入产出比率法、促销活动评估法、边际利润法等。

（3）价格分析：渠道各层级的进出价格与利差分析法、竞争对手价格对比法等。

（4）渠道分析：渠道地图分析法、经销商渠道结构分析法、ABC 层级分析法等。

（5）促销分析：促销效果、费用评估分析法等。

第三，内部管理回顾。

陈泽说："我们为什么只能做'开盖有奖'之类的经销商就能做好的促销活动，很少做终端场所的活动，（如陈列奖励、单品奖励等）？除了人员短缺，不能控制各个销售点，没时间检查工作外，流程也有问题，如对终端场所情况做出快速反应，终端希望我们一周后兑现承诺，而按照我们的流程，两个月后才有可能兑现承诺。我准备让各大区经理建立督导机制，每月提出困难，便于及时解决问题。"

销售部重市场不重管理，那种有"只要销量好，谁也管不了我，天王老子我也不怕"的思想的业务员大有人在。所以，企业在月度分析报告会议上要"拨乱反正"，将提高内部管理水平提上重要议程。因为营销业绩的好坏取决于人员素质和团队整体的战斗力。

国内企业的大区经理经常抱怨企业的管理没有流程、人浮于事，非常紧急的事情往往在内部被无限期拖延……这是大区经理取得公司领导层和各部门人员支持的好机会，也是大区经理自省内部管理是否存在问题的机会。

大区经理向公司领导、相关部门汇报情况，考虑他们的意见，可以弥补这方面的缺陷，具体包括：

（1）流程回顾。

（2）人员管理及人力资源回顾。

（3）基层执行力回顾。

（4）机构管理回顾。

（5）人员考核与激励回顾。

第四，下月计划。

下月计划的部分工作内容可能是早已经安排好的，但在分析报告中依然能"做文章"。如通过前面的分析，大区经理可初步检验工作计划，让大家讨论是否可行，以便对不合理的计划做出调整；通过月度分析报告及报告会，能发现问题并找到问题的症结；通过"头脑风暴"找到具体的解决措施。

3. 大区经理如何做市场规划

都说有调查才有发言权,大区经理必须在了解各区域市场的情况后再做规划,但是从何处下手呢?

李经理升任华北地区的大区经理,他原来主管北京市场的销售工作,现在将天津、河北、山西、内蒙古等地纳入了他的销售版图。他上任以后,第一件事就是了解各地的环境、市场及销售情况。

李经理找到公司原来使用的市场调查模板,表 9-1 是公司原来的区域市场基本情况表(部分内容)。

表9-1 公司原来的区域市场基本情况表

调查项目	调查内容		报告表现形式	主要障碍分析	市场机会分析
市场环境	人口/经济: 技术/自然	政治/法律: 社会/文化:			
市场总容量	1. 啤酒市场总容量(去年、今年、明年预测增长量) 2. 细分市场的容量及其所占比例(档次、品味、分品牌等)				

续表

调查项目	调查内容	报告表现形式	主要障碍分析	市场机会分析
销售状况	1. 市场产品/品牌结构 2. 各品牌、档次销量 3. 各品牌、档次两率（覆盖率、占有率）			
消费增长趋势	增长趋势/消费趋势及分析原因			

如果李经理要将此表填完，那将是一项大工程，该表只是一堆数字和文字说明，由于数据复杂、标准不一等，最终得到的可能是无法进行分析的内容。那么如何将其变成可供决策的、有用的资料呢？

李经理曾经听过一些著名外资企业的培训案例，它们都是参考模型和工具做决策的，图表直观，清晰易懂。李经理想，既然各个市场不同，就用一个统一的标准将各个市场区分开。于是，李经理先制定出自己区域市场的划分标准，他将市场分为垄断型市场、优势市场、均势市场、竞争抢夺型市场、劣势市场，并以覆盖率和占有率为指标考察各个市场，如表9-2所示。

表9-2 以覆盖率和占有率为指标考察各个市场

指标 市场类型	覆 盖 率	占 有 率
垄断型市场	近100%	65%～80%
优势市场	90%	50%～60%
均势市场	60%～80%	30%～50%
竞争抢夺型市场	50%～70%	15%～30%
劣势市场	<40%	<15%

其实，用市场占有率和覆盖率评估市场，虽然很容易将各个市场区分开来，但不能完全以此作为决策依据。因为覆盖率和占有率相同的市场的影响因素不同。李经理认为，可能还有绝对市场空间，也就是市场容量绝对值的大小。一个占有率大的市场的市场空间从份额来看不大，但市场容量绝对值

很大。于是，李经理将市场容量绝对值，也就是市场潜在容量加入规划里，为便于分析潜在容量，李经理将其按实际大小分为大、较大、中、较小、小五等。

当然，外部考核因素还应该分析竞争情况。李经理将竞争情况也加进规划里，并且从最激烈到最不激烈分成五等。

前面都是从外部考察市场，其实在企业内部，也有一些因素影响市场规划。比如，利润贡献率带来未来的费用投入、人员投入和产品投放等问题。所以，企业内部因素也必须加进规划里……按照产品覆盖率、市场占有率两个关键指标对市场分类，属于导向型划分，适用于所有企业，没有独特之处。要想真正做好对自己的独特的区域市场规划，就要仔细考虑竞争程度、利润贡献率、战略重要性、市场潜在容量等因素。

这时，市场规划的用户脉络就变得清晰了。李经理召集本区域市场所有的经理及主管，并且邀请公司的财务部门、市场部和公司的领导层，请他们共同评估这几类市场。通过共同打分、评估，最后得出五分制评分表（竞争程度用反向的负数表示），如表9-3所示。

表9-3 五分制评分表

区域市场	市场类型	覆盖率	占有率	市场潜在容量	竞争程度	利润贡献率	战略重要性
天津	垄断型市场	近100%	65%~80%	2	-3	5	2
河北	优势市场	90%	50%~60%	3	-3	4	3
山西	竞争抢夺型市场	50%~70%	15%~30%	5	-4	2	4
北京	竞争抢夺型市场	50%~70%	15%~30%	4	-4	2	4
内蒙古	劣势市场	<40%	<15%	2	-2	3	3

这样，区域市场结构就清晰了，也为李经理做出决策提供了依据。将市

场潜在容量、竞争程度、利润贡献率和战略重要性的分数相加，可得出每个市场的总分，分值越高，就越值得投入资源。各区域市场重点考虑的问题如下：

天津市场：是第三战略市场，保证利润，提高服务质量，不要做太多的促销活动。

河北市场：如何继续保持优势市场地位，能否取得更高的市场占有率。

山西市场：找到市场潜在容量的开发办法，暂时可不考虑利润贡献率。

北京市场：市场潜在容量与竞争程度相抵，风险与潜力并重，利润贡献率不大，但作为首都市场，有相当高的战略重要性，可在做品牌和市场表现上下功夫，促进市场稳定发展。

内蒙古市场：三年内主要是劣势市场，寻找入市契机，否则不能投入过多资源。

李经理与各区域经理一起，着重讨论进入各个市场的方法，从而为整个市场打下了良好的战略基础。最后，明确了几个市场的具体销售策略（如产品结构、价格体系、促销、渠道结构等），从而制定了市场规划。

4. 大区经理如何做好销售分析、决策

大区经理张罡看到刚刚交上来的上月销售财务报表的利润栏后，不禁心惊肉跳，担心全年的销售预算不足。7月份本应该是公司销量和利润"双丰收"的月份，却因为一个争论多次并最终实施的促销活动将全年的利润计划打乱了。

销售分析和决策是大区经理天天要做的工作，就像"吃饭一样简单"，凭借多年经验，也会总结出一套有效的方法。难道很多大区经理都有分析与决策失误的问题，经常做"错误的决定"？

确实，从现实运作过程和实际工作效果检验，经常存在销售分析与决策的失误的问题。翻看销售经理的销售分析报告就会发现，他们运用的分析方法只有一种——SWOT分析方法。在总结工作时，我们往往会发现这种分析方法存在很多问题。一是形势与实际情况存在偏差，结论容易出错；二是没有量化数据作为依据。

什么样的销售分析工具对做决策有用呢？经过实践与总结，"关键因素+

权数评分"法值得大家借鉴。

打蛇打七寸

区域经理一：竞争对手连续几个月没有动作，他们在旺季一定会孤注一掷，业务员已经听到风声了，最近就要有大动作，听说是"买五赠一"，还附带消费者刮卡，所以，我们一定要打击竞争对手。

区域经理二：经销商已经没有耐性听业务员说大品牌的优势了，如果在旺季不给他们更好的促销政策，让他们赚钱，就会影响明年合同的签订。

区域经理三：我认为，旺季来临之前做促销，主要目的是完成今年的销量，我们的产品在淡季和旺季销量差异很大，现在不做促销，淡季做促销就晚了。

区域经理四：我们做过终端调查，90%的终端老板希望我们在旺季时做促销。

············

张罡回想起当时讨论问题的情形：各区域经理好像非常着急，说出这么多原因，好像非做旺季促销不可。现在想想，虽然旺季的销量压力大，但旺季与淡季的不同之处是有巨大的消费需求。综合评估，该市场根本不需要做促销，做好基础工作就能完成销量、利润目标。

中国有句古话：打蛇打七寸，是说要找到关键问题，找到影响问题的关键因素。虽然 SWOT 分析方法能发现问题，但没有指出关键问题。各区域经理指出的都是旺季促销的影响因素，没有谈到或者故意忽略了决定因素——消费者需求。消费者需求是考虑是否应该做促销的决定性因素。

业务员汇报市场情况时，总是将某个对市场影响不大的因素说得非常严重，而对重要的影响因素避而不谈，以图在上级不太了解市场实际情况下，取得更好的促销政策。如果大区经理知道业务员的问题还好,能有效避免决策失误,但很多大区经理都被业务员"骗"了,没有考虑和分析关键因素,次要因素成了影响决策的主要因素。

道理虽然非常简单,但在现实操作中,又有多少企业没在这个问题上吃过亏、栽过跟头?

很多中小企业,在分析产品销售问题时,容易归因于产品的品牌力不强或者竞争太激烈,很少关注甚至避免讨论"打蛇打七寸"式的关键问题。以下是营销过程中的关键问题,希望对大家有帮助:

(1)产品类。销售人员经常以产品包装不新颖、跟进竞争对手速度太慢、市场部开发的产品不能满足市场和消费者需求、不按消费习惯推广不同的产品、产品档次低等作为产品销售不顺利的主要原因,很少考虑到产品陈列不当、终端产品生动化陈列效果差等因素。其实,市场部对产品的研发存在问题,远不如终端的产品形象差这一因素的影响大。

(2)价格类。在业务研讨会上,业务员往往以价格比竞争对手高、价差不能吸引经销商作为促销失利的理由,其实,主要因素应该是合理的价值链,从价值角度推断是否能基本满足经销商和消费者的要求。如果不这样做,企业就会陷入价格战中,无法自拔。

(3)渠道类。很多企业将渠道问题归因于经销商的"不听话""互相博弈",或者终端进店难。

(4)促销类。很多企业重视渠道促销,忽视消费者促销;重视促销形式,忽略促销内容;每次促销只是更换促销品而已。

(5)组织类。平常只关注组织类型,无论是区域市场的下设分公司,还是办事处或者联络处,都不太关注组织内的协调与部门之间的合作,以及执行力。很多企业的营销机构改革常变常新,却不知道应该考虑市场,看市场需要什么样的企业支持，从而设置什么样的组织机构。真正影响产品销售的因素很多，但有时候我们只考虑了次要因素，从而严重影响了销售分析结果。

很多企业在做销售分析和决策时，总经理要求大区经理要从某个角度入手，提出问题，列出关键问题清单，列出解决问题的关键词，字数不用太多，把这几个问题的关键解决因素说清楚就行。北京可口可乐公司的总经理就有一个习惯，在让大区经理做销售分析报告时，一个问题最多只能有三个关键影响因素，否则这份销售分析报告就不合格。

分析决策：科学性与艺术性相结合

找到关键因素、关键问题了，我们就不会走偏。但能否综合考虑各个方面的影响因素？如何考虑？应不应该制订新的销售策略？

区域经理一：现在最重要的问题就是价格，只要价格合适，就算是垃圾，我也能卖出去！

区域经理二：向经销商压货，如果压货成功，什么问题都能解决。

区域经理三：你们说的都对，从现在这个情况看，只有一级经销商、二级经销商、终端、消费者都能得到实惠，这样，产品才能真正流通起来。如果只给经销商更多的利益，我不同意，还不如将利益直接给终端。

每次分析业务时，要么是大家的意见不统一，各执一词、吵得不可开交，最终不了了之；要么是领导一个人说了算；要么是看谁说得好，就以谁的意见作为决策依据。

每位区域经理都有丰富的经验，说服他们很难，倒不如确定"七寸"级指标后，使用科学性与艺术性相结合的分析方法，找到应对市场的最佳决策，让每个人都心服口服，如表9-4所示。

表9-4 关键因素评分表

决策人	关键因素1		关键因素2		关键因素3		小计
	权数	现实评分	权数	现实评分	权数	现实评分	每人评分
经理一							
经理二							
经理三							
主管一							
主管二							
主管三							
总计平均得分							

注：权数为100，评分按该考虑因素的现状打分（0~10分），最高分为1 000分，决策依据的基准值为600分，如果所有人的平均值都超过基准值，则该决策可行。

（1）通过"头脑风暴"，让所有相关人员（基层业务员）参与讨论，提出影响因素。

（2）将所有影响因素按可能影响解决该问题的重要性排序。这时最好不要讨论，让每个参与人员将自己的真实想法写出来，避免讨论后出现"跟风"结果（自己本来是这种想法，却附和其他人的想法）。

（3）以100分为总权数，确定所有影响因素的权数，如最重要的因素15分、最不重要的因素6分，并将影响因素按权数排序。

（4）找到各个影响因素的背景资料与信息，如没有背景资料与信息，就与相关人员沟通，让其根据客观情况判断。

（5）统一每个影响因素最好与最坏的标准，如5分制、7分制、10分制，甚至百分制。

（6）让每个相关人员对各个影响因素按照最好与最坏标准客观评分。

（7）将评分与权数相乘，得出总分，超过理想界线（如70分以上）就可执行。

（8）两次确认该方法得出的结果是否存在异议，如有异议，列出充分理由后再讨论。

当然，还可对比分析不同的方案或不同的竞争情况，选择最好的方案，分析自己的产品与市场是否还有机会。最后的综合评分如果在某一基准值（事先确定）之上，就应该举办新活动，如果没达到基准值，即使找到了关键因素，也应该暂时搁置新活动。

分析与决策无定式，要多思考、多积累

虽然这种方法是客观、公正、全面、主观与量化相结合的方法，弥补了SWOT分析方法的缺陷。但我们建议大区经理要灵活应用该分析工具，为做出正确的决策打下基础。如果我们长期注重使用分析与决策的方法，在工作中不断积累经验，这样，即使是在情况紧急、需要及时做出决策的情况下，我们也能沉着思考、理性决策。

大区经理是企业的"腰"，"腰杆子硬"才能让企业更健康。毕竟，大区经理既要执行企业高层的决策，又要让基层有效执行该决策，需要有相当强的销售分析能力和决策能力。

5. 销售总监如何做好区域市场规划

李总监是某食品公司的销售总监，公司准备做全年销售计划。可是，李总监作为一个"空降兵"，没有在这个行业里工作过。他现在统管全国的区域市场，如何在一个多月内做好全国的区域市场规划和全年销售计划呢？

近两年来，战略区域市场的观点盛行，企业领导也深感中国的市场太大，每个区域市场的消费水平不同，产品结构也不同。很多企业都知道区域市场规划的重要性，但不知从哪里下手。

区域规划的基础

除了以市场调查为基础步骤，分析市场环境、竞争对手、营销策略外，企业不能忽略企业的整体战略和区域战略。

为什么要考虑战略？战略决定了企业未来的总体目标，决定了企业在区域市场能得到什么。通过实施战略，让各区域经理在各区域市场成功实现某方面的目标。

任何企业都有总体的全年战略，如通过一年的努力，要成为该行业领先的专业性企业，要在当年扭亏为盈，全国或局部地区的市场占有率超过竞争对手等，这就是我们做好区域市场规划的指引。

所以，李总监应该这样做：

（1）销售管理就是人在市场上执行与指导。所以，李总监的首要工作就是了解公司第二年的总体战略是什么，老板对公司的营销期望有哪些，然后带着这些问题潜入市场，到各个区域市场拜访客户、走终端、看产品、查竞品，了解行情，了解各个区域市场的差别，知道自己下一步要实现哪些目标。

（2）通过了解市场，李总监全面了解了各个区域市场的下一个目标——每个区域市场的区域战略。

（3）在确定区域战略的同时，李总监还要趁机与各区域经理研讨，如某些区域市场需要的新产品支持、新广告支持等。

（4）李总监要将这些区域战略进行汇总，初步确定资源是否充足。

区域规划主要考虑哪些因素

很多企业在做区域规划时，从每个区域市场计划做起，然后上交总部审核。由于总部不了解实际情况，基本上不会做大的改动。在这种情况下，总部需要考虑以下因素：

（1）市场容量及市场潜在容量。市场容量的大小可以通过查资料、拜访经销商、从终端统计得到结果。可是市场潜在容量是一个未知数，很多企业对它不太重视。其实，区域规划是判断市场未来的前期工作，对市场潜在容量的了解也就是预估未来的销量。

（2）占有率。占有率反映了企业在该区域市场的能力、表现、市场地位。

（3）竞争程度。竞争程度是区域规划的重要参考依据。竞争，使区域规划必须更理性。因为有的区域市场潜在容量虽然很大，但竞争激烈，因此在做区域规划时，要么考虑加大投入力度，要么考虑暂时舍弃该市场。

区域规划的决策工具

一般来说，可采用权数加权评分法。权数加权评分法是市场部进行调查的重要方法，该方法能体现公正性，也能关注重点，还能考虑到关键因素。如果能让业务部门了解并熟练运用该方法，将会减轻他们以后的业务分析工作的压力。

李总监应该以战略为基础，以市场潜在容量、占有率、竞争程度为关键指标，利用权数加权评分法，邀请公司的主要高层领导及中层经理参加讨论会，得出区域规划的合理结果。

表9-5是李总监经过分析，制订的区域规划表。

表9-5 区域规划表

区域市场	战略重要性		市场潜在容量		占有率		竞争程度		总分
	权数	评分	权数	评分	权数	评分	权数	负评分	
区域市场一									A
区域市场二									B
区域市场三									C
区域市场四									D
……									

李总监让每位参会人员提出意见，规定战略重要性、市场潜在容量、占有率、竞争程度的权数是100分，然后，让所有参会人员讨论每个区域市场

的每个指标并评分，可按 5 分制、10 分制、百分制得出每个指标在每个区域市场的最终分数。得到数据后，可与各权数相乘再相加得出总分。需要注意，竞争程度应该负评分，竞争程度越大，对总分的负面影响就越大。

如最终得出 B 总分最高、C 第二、A 第三、D 第四的结果，这就说明区域市场二是重点区域市场，区域市场三是次重点区域市场，区域市场一是保持性区域市场，区域市场四是最不重要的区域市场。

区域规划与"4P"的关系

针对各个指标做出决策，如战略重要性得分高，考虑增加人员和资源，加大渠道改革力度，提高对经销商、终端的服务质量；市场潜在容量大，可增加新产品、构建合理的产品体系，或者分小区管理，将市场潜在容量变成自己的市场容量；占有率高，加大市场投入，精耕细作每个终端，让其引进还没销售的产品，加大海报和促销品的投入，甚至开展深度分销或直销；竞争程度强，增加战斗品牌，投入更多的人力、物力，封锁经销渠道，或者定位为终端专卖品；等等。

总之，规划是为了更好地制订营销计划，执行营销计划，并且在找到关键问题的情况下，更快地实现自己的战略目标。

区域规划与组织机构的建立

在原来的机构基础上，有针对性地做出调整，如有的区域市场原来投入多，但没有做好，现在成为不重要的区域市场，企业要将原来的分公司或办事处降级，同时抽调一些人员到重要的区域市场；有的区域市场则增设营业机构，甚至全面调整区域市场。

区域规划最终由人实施，如果机构设置不合理，人员安排不充分，就不会取得良好的效果。

李总监通过以上工作，有理有节地实施了区域市场规划，解决了来年的整体规划问题。

6. 案例：企业如何建立销售培训体系

小阳是在一线销售岗位上工作十多年的销售精英，现在是C公司的销售培训部经理。C公司是一家新兴公司，人员需求大幅度增长，提高人员能力迫在眉睫，公司却没有提高人员能力的经验。领导给小阳下了死命令：必须在半年内建立公司的销售培训体系，不仅包括总部的销售培训规划体系，还包括下属公司的销售培训分支体系等。要支持没支持，要经验没经验，小阳怎样才能把销售培训体系建立起来呢？

先动起来——寻找素材

小阳搜集公司原来的、零散的销售培训教材，将其整理到一起，对一些已不符合现实情况或老套的理论做了初步的修改。

由于自己有丰富的销售经验，他总结了自己曾经操作过的深度分销项目，拟订了《深度分销手册》，把它作为培训教材和操作手册；他还总结了自己操作过的解决渠道冲突的成功经验，将它作为区域市场管理中的案例分析的重要内容。

这时,小阳心里只有一个想法——实践出真知,基本的培训教材已经有了,先做基本业务培训。于是,他经领导同意,向下属区域分公司发出培训文件。

在对下属区域分公司培训的过程中,小阳一边做基本业务培训,一边在课堂上收集特殊案例。他有计划地要求业务员提供各类案例,得到了培训最宝贵的东西——素材,如表9-6所示。

表9-6 各类案例汇总

案例类型	走访调查	新产品上市	价格体系	渠道选择	消费者促销	渠道促销	区域开拓	对抗竞争	组织机构设立
正面	2	3	2	4	3	5	4	3	1
反面		1	2	1		1			

找到销售培训体系的支撑——明确方向

小阳所在公司的销售系统复杂而分散,公司成立了销售发展部研究销售发展方向,指导区域分公司的销售工作。于是小阳邀请他们共同研究销售培训方向。

通过沟通与讨论,小阳最后与销售发展部确定了近期销售培训的主要方向,如表9-7所示。

表9-7 销售培训的主要方向

类　　别	日常管理	销售技巧提升	职业素质提升	渠道发展	销售能力提升
人员	基层、中层	基层、中层	基层、中层	中层、高层	基层、中层、高层

实际与理论相结合——制作新教材

小阳如何在那么多的营销理论中找到合适的营销理论,并在此基础上形成自己的营销理论体系呢?

小阳一头扎进书店,在经管、营销类书架边"扎根",翻遍各类营销书籍后,他选择了一些对其编写培训教材有用的书。他将在各区域市场做培训时,区域分公司安排的培训助理召集到一起,在一个安静的地方,讨论编写培训教材,培训人员、题目、课时安排如表9-8所示。

表9-8 培训人员、题目、课时安排

类别	日常管理	销售技巧提升	职业素质提升	渠道发展	销售能力提升
人员	基层、中层	基层、中层	基层、中层	中层、高层	基层、中层、高层
题目	4、2	6、3	3、2	5	3
课时	6、3	9、5	5、3	7	5

总部与分公司合作——制订全盘计划

小阳与下属区域分公司经过讨论,决定依照培训方向与教材,制订销售培训三年初步计划和当年具体计划,如表9-9所示。

表9-9 销售培训三年初步计划和当年具体计划

类别	日常管理	销售技巧提升	职业素质提升	渠道发展	销售能力提升
时间	一年	一年	两年	两年	三年
人员	基层、中层	基层、中层	基层、中层	中层、高层	基层、中层、高层
区域市场	A、B、C、D、E	A、B、C、D	A、B、C、D、E	A、C、D、E	A、B、C、D、E
时间安排	A: B: C: D: E:	A: B: C: D:	A: B: C: D: E:	A: C: D: E:	A: B: C: D: E:
讲师	总部: 分公司:	总部: 分公司:	总部: 分公司:	总部: 分公司:	总部: 分公司:

小阳还根据区域分公司的情况,对区域分公司自己安排的培训做了调整,

如表 9-10 所示。

表 9-10　区域分公司培训表

类　　别	业务入职培训	业务技巧培训	专项培训 1	专项培训 2	专项培训 3
人员					
课时					

人员培养与培训——内外结合

由于公司的业务急剧扩张，区域分公司对培训有了更高的要求。于是，小阳按照公司要求，抽调了一个有潜力的区域分公司的销售经理做自己的助手。

由于区域分公司一般都没有自己的培训组织，只能让销售精英抽空做兼职培训师。小阳在区域分公司做培训时，接触到一些有潜力的内部人员，于是在自己成立销售培训部时，果断将他们调到销售培训部。

成立销售培训部后，小阳有了经费。他找了一家经验丰富的培训公司，为销售培训体系的员工做了一次非常专业的"TTT 培训（Training The Trainer 培训培训师）"。

轮番试讲——滚动式改进

小阳安排大家到各区域分公司试讲，让没有讲过课的培训师锻炼胆量、积累培训经验，以便顺利开展工作。

第十章 市场操作要点、方法

1. 如何运作县、乡级市场

县、乡级快消品市场的市场营销方法独特，由于中国的市场营销理论大都是从西方引进的，完全是西方的城乡一体化的市场操作方式，所以很多方式不太符合中国县、乡级市场的实际情况。在中国，运作县、乡级快消品市场要充分结合我国的国情，才能使县、乡级市场营销落地生根。

县、乡级市场特点

县、乡级市场与城市市场的特点不同，如表10-1所示。

表 10-1　县、乡级市场与城市市场的特点（部分）

项　目	县、乡级市场	城市市场
区域市场	分散、按地势分布	集中、条块型
产品	单一、低档	齐全，中、高档
价格	低价格主导市场	价格分层明显
流通	批量大、次数少	批量小、进货频繁
淡、旺季	明显	越来越不明显
经销商	综合型、村主任亲戚型	专业型
渠道层级	长、宽，交叉多	短、窄，交叉少

续表

项　目	县、乡级市场	城市市场
消费场所	非现场消费多	现场消费多
终端分布	分散	集中

县、乡级市场运作思路

（1）项目开发组织与"车销"。项目开发组织就是开发别动队，县、乡级市场具有分散性、间歇性，我们很难成立一个专门的销售组织为这个市场服务。所以成立一个临时性项目开发组织进入市场的效果会比较好。

一是抽时间，集合其他区域市场的业务员共同开发市场，进行"地毯式集中扫荡"。

二是找到有针对性的市场开拓办法。两三个固定人员、七八个临时人员为宜，组成一支十几个人的销售队伍，而这十几个人又分布在 3～5 个区域市场的业务部门经理的手下。

"车销"是很多著名外资企业开发新市场的重要手段。可口可乐公司就曾利用这种手段成功地开拓了郊区、郊县及边远地区的市场。很多已经成规模或规范的企业都在实施产品预售制，但预售制只适用于规范、成熟的市场；"车销"式的现售制适用于开拓市场或不规范的市场。集开发、销售、配送、服务于一体，将产品最快地送到终端和消费者手中，是解决距离远、销售点分散的好办法。

如果在建立销售结构组织上采取灵活且又能集中力量开展活动的形式，在销售模式上采用"车销"模式，县、乡级市场的开发问题就会得到解决。

（2）办事处与大区域经销商销售。开发市场时，我们可能找到几个潜在经销商，我们应该在与他们交流，在达成合作意向的情况下趁热打铁，取得实质性进展。

与经销商合作后，我们可将原来进行"车销"取得的终端和市场资料交给经销商，以支持他们迅速发展，结合他们的市场服务能力和企业的未来发展规划，让他们获得比较大的销售区域市场，尽快渗透市场。

如果企业还有资源，可在此时，设立一个正规的销售组织，如办事处或联络处，增强经销商的信心。这类办事处可设立终端业务员、经销商业务员，如果有条件，还可设立一个市场专员的职位，帮助经销商做出销售决策和开展市场活动。

（3）协助分销模式与"1+X"渠道类型。当经销商投入大量的资源开发和维护市场，接受了公司的销售理念，能就很多市场问题积极与公司探讨，并且主要经营公司产品时，我们就可将经销商推向前台，企业成为操作市场的后台。

这时，我们可以采取协助分销的模式，帮助经销商在市场上拼搏，我们提供人员、财务、车辆、仓库、信息等方面的支持。我们还可引导经销商管理终端，选择有条件的下线客户，维护部分重点终端。

"1+X"渠道类型是企业由粗放管理逐渐向精细管理转变。原来，粗放型渠道类型可以有一个总经销商或有多个有条件卖货的经销商，条件成熟后，向"1+X"模式转型。也就是说，县、乡级市场虽然分散，但县级市场集中一些，我们可以在县级市场选择一家一级经销商，在各乡选择一两个二级批发商，通过企业和县级经销商的共同管理和维护，从而全面渗透和开发市场。这就是所谓的"1+X"渠道类型。

协助分销模式与"1+X"渠道类型比较适合县、乡级市场的销售渠道组合。其实，渠道、经销商是县、乡级市场最关注的"4P"要素。

（4）以渠道和推广为主。县、乡级市场在现阶段还是以渠道和推广为主，虽然产品、促销、广告呈现出多样化趋势，但现阶段仍然可以通过渠道取得竞争优势。我们只要抓住渠道和分销模式的特点，尽快找到贴近消费者的方式，就有可能取得成功。

县、乡级快消品市场的操作模式是一个需要在实践中不断摸索、不断发掘的市场运作模式，如果能掌握它的操作方法并找到运作策略，中国的县、乡级市场还是大有作为的。

2. 三、四线市场如何做促销策划

三、四线市场是中国最广阔的市场,潜力巨大,许多企业在开发一线市场的同时,也在关注三、四线市场,希望能够打开这类市场,取得成功。

三、四线市场需求有一定的特殊性,我们不妨从三、四线市场的消费者平时的生活习惯开始研究,这样,三、四线市场营销就会有迹可循。

"做菜需多放酱油"——促销形式与表现力求"上色"

三、四线市场的消费者喜欢颜色艳丽、喜庆的东西,就像做菜一样,他们喜欢多放酱油,这说明三、四线市场的消费者容易被"外表"吸引。所以,三、四线市场的促销展示力求醒目。促销展台要声色具备,如现场搭台演戏,三、四线市场消费者将这种"大型节目"当成享受;促销广告形式要喜闻乐见;要讲究民风民俗,使产品和消费者零距离接触。

很多三、四线市场的促销活动常用方法如下：

（1）锣鼓队和大篷车表演（如宝洁公司）。

（2）送春联、福字联络感情（如可口可乐公司）。

（3）大幅墙体广告（如长虹电视）。

当然，还有很多在现实应用中取得实效的方法，如现场抽大奖等。总之，促销形式是消费者喜闻乐见的，就能得到他们的青睐！

"要耕田，先下肥"——促销手段注重"实在"

三、四线市场特别是三线市场，消费者还处于满足需求阶段，产品不需要有太多的功能，所以他们购买产品时，第一考虑要素是产品"实在""管用"。

企业在策划促销活动过程中，要注意体现产品"实在"的特点，告诉消费者：不做大量的电视广告是为大家省钱，直接销售节省了中间费用，提供简单、大容量包装是为了实惠等。

三、四线市场的促销手段如下：

（1）赠品多，并且是日常必需品——买锅送铲、盆、碗。

（2）免费赠送试用装——免费品尝饮料，免费试用小包装牙膏。

（3）加量不加价——买 500 ml 产品加送 500 ml 同款产品。

（4）"现场即刮"，即送现金——一个啤酒瓶盖可兑 0.5 元。

（5）包装兑奖——三个包装可换一个新产品。

（6）抽大奖——一包产品 10 元，有机会抽中摩托车。

当然，随着三、四线市场的消费者对产品的认识深化，他们现在不只关注"实在"，还关注产品的"适用性"。企业要在"实在"与"适用性"之间找一个平衡点,避免消费者将企业送赠品当成"拿更多的钱买没用的产品"。

"买东西,图便宜"——"降价促销"

三、四线市场的消费者收入不高,他们会对价格很敏感。所以,很多企业干脆降价,降价也是一个好办法。

三、四线市场的促销活动比较单一,业务部门在市场部制订促销计划时会说:"消费者就认价格,价格低的产品好卖,直接做降价促销效果好。"三、四线市场的促销政策多是"产品搭赠":"买十送三""买一百送四十"等。在没有竞争或者竞争不激烈的时候,产品由经销商分销;但竞争激烈时,企业往往会走进死胡同——打价格战,价格越卖越低,产品没有质量保障,消费者就购买竞争对手的产品;高附加值产品根本就没机会卖出去,该市场成了"鸡肋"市场。

"只在赶集日买东西"——选好促销时间

我们不妨把赶集日称为核心销售日,因为它是企业做促销活动的最佳时机。在核心销售日,企业要尽量投入资源,如抽调其他区域市场的业务(促销)员,借用公司的车辆、音响、舞台等工具,横幅、促销品、海报等资源。

其实,我们没必要天天做促销活动,如果我们选择好促销时间,也能取得同样或者更好的效果。核心销售日还包括正常节日,三、四线市场特有的节假日(婚庆、升学等)。

"喜欢名牌"——促销先期工作,做出品牌的感觉

名牌能满足消费者的购买期望,并不是只有一、二线市场的消费者喜欢

名牌，在三、四线市场，如果将促销活动做成品牌推广活动，如果能在产品促销活动之前，先期做出品牌效应，就会取得良好的效果。

在三、四线市场里，营造品牌的途径、手段与一、二线市场可能不同，如三、四线市场更倾向于投放电视广告等。所以，我们先期可通过品牌造势，让消费者接受该产品，具体做法如下：

（1）品牌造势。

（2）用"第一""大""可能是最好""巨资打造"等渲染气氛。

（3）明星效应：明星××是该产品代言人，他（她）也使用公司产品。

其实，品牌营销也可以通过现场讲解、试用产品、答疑等方式让消费者相信产品并产生购买欲望。

3. 年底如何冲量

现在大多数企业的销售压力都比较大，销售指标较高，存在月底或年底冲量的现象。

笔者曾经在结账日当晚与下属工作到凌晨六点；也曾在领导的施压下，带领五个分公司的业务员完成当年的销量；也在年底的最后一天，取得出货十几万箱的"辉煌"业绩，这些都是冲量的表现。冲量行动能够圆满完成，得益于企业整体冲量行动的正确性和强大的执行力。无论如何，领导的冲量命令一下，我们就必须在合适的时间、合适的地点，有一支合适的队伍的前提下，打好冲量仗。

由于渠道本身有"蓄水"作用，企业在销售过程中进行适当的冲量是可取的。在执行过程中，相对于普通的销售行为而言，冲量行动很重要，企业要将冲量政策执行到底！

执行时间——"世界有末日"

很多企业在执行冲量政策时，经常因为在规定时间内没有实现冲量目标而将冲量政策延期。有的企业会给大客户或提货能力有限、仓储能力有限的客户给予特殊照顾，如可以延期提货；有的企业先将订单开出来，由于客户要不了那么多货，将本年度的订单推到第二年送，但还算第一年的销量；有的客户先交钱，分两三次甚至两三个月提货……这些都是不重视执行时间的表现。

很多企业不但不认为自己策划失误、考虑不周到，而且还美其名曰及时调整策略。其实，经过仔细分析我们就会发现，这是企业的营销舞弊行为。账面的销售数目远远大于实际销售数目，借机向重点客户或关系客户争取政策，实际上，在并未完成销售任务的情况下，假造成功向董事会或老板交差。不重视执行时间，必然会给后续的销售工作带来严重的、破坏性的影响。

企业可利用计算机统一开订单，如果冲量政策到期了，就关闭电脑开单系统。如果企业讲究人情、关系、协调、变通，那什么时候才能让冲量的时间管理变得科学、可控呢？看来，只有企业及渠道都把冲量的政策期限当作"世界末日"，才有可能改变现状。

执行地点（区域、渠道）区隔与平衡——"条条道路通罗马"

很多企业执行冲量政策时，只是向特别大的经销商或渠道（批发渠道、超市渠道）压货，没有考虑区域、渠道或客户之间的平衡。有些区域市场销量较好，但不执行冲量政策；有些区域市场销量差，但企业依然要它执行压货政策……最终导致窜货，产品根本到不了终端或消费者的手里。

当然，重点市场重点投入、重点客户重点维护，这无可厚非，但我们发现，企业现在的区隔本领非常有限，还不如踏踏实实做好平衡工作。同时，企业根本没有想到销量目标应该是一个整体目标，而不是单个渠道、区域市场的销量目标。当前的层级管理观念和部门结构，虽然经常使我们陷入单独冲量的误区，但营销是一个整体，不可分割。所以，依据整体的销量目标执行压货冲量政策，需要的资源更少，后遗症更少，也更有效果。

执行人员——"上下同气"

我们看到基层管理人员和基层执行人员很着急："怎么办？如果不采取措施冲量，今年的销量目标肯定完不成！"而大区经理、总监、销售副总或总经理并不认为冲量跟他们有关系，业务员只要执行好他们的政策就行。

其实，冲量行动的"量"的达成、"量"的结果由业务员负责，但冲量行动的"质"应该由领导层负责。业务员只对自己的客户、渠道或区域市场负责，领导应该对市场的可持续发展负责。

执行部门——"全民皆兵"

冲量行动绝对不是销售部一个部门的事情，需要整个企业"倾巢而出"。很多时候，我们看到：财务部门不配合，不能满足客户的赊账或承兑需求；仓储部门不配合，随货配送的产品或礼品几个月后才能到位；生产部门供应不及时，某个非常紧要的产品突然断货了；市场部的新海报根本没做出来……

有时，企业可以通过断货将一些品牌力较弱的产品"炒红"，但在冲量的关键时期，生产部门突然断货、财务部死掐、运输部车辆不足、市场部还在写"市场反应良好"之类的报告，而不给销售部提供资源时，冲量行动就会以失败而告终。

执行协议——"丑话说在前头"

冲量行动等同于临时吃药,虽然即刻见效,但也容易引发后遗症。特别是大量的客户囤货可能引发价格体系混乱、跨区跨市场窜货、低价甩货、过期货等问题,有时甚至导致市场崩盘。有的企业早就想到了这点,在开始冲量行动之前,就与客户约法三章,重申市场纪律,杜绝了这些可怕的市场问题。

企业要与客户签订协议,这批货压进客户仓库里后,必须遵循协议,如在一定期限内售完、按一定价格流通、不得跨区域砸价、不得擅自做促销活动等。否则将受到处罚。也就是说,客户进货后,一切后续事情必须循规蹈矩,否则客户要负全责。

当然,企业可以在冲量协议中明确双方的权利、义务、责任、执行步骤,以及奖励与惩罚办法,甚至可以委派业务员现场监督,尽量将冲量的负面影响降到最低。

执行、跟踪、监督、反馈——"一切尽在掌握中"

执行队伍在开展冲量行动时,不但是执行人员,而且还是监督人员,企业如果能建立专门的跟踪队伍就更好了。

冲量是一种极端的销售行为,由于冲量行为完全呈现在市场上,冲量时,一般企业都会给予一定的优惠政策。所以市场很容易出问题,如一些客户联合起来,以图取得更好的政策;客户将货物分流到其他区域市场,以图尽快出货。如果发生了这些情况,"冲量"行动就不再是冲量行动,而是"冲市场"行动。

有时,企业开展冲量行动时,恰好竞争对手也在开展冲量行动,这时,企业就要密切关注市场情况,让一线业务员对市场进行"实时报道",紧密跟踪经销商,搜索本品和竞品的流向。

一些大型而又比较规范的企业,通过使用管理报表将市场信息规范化、系统化,并将这些信息输入计算机,利用软件汇总和分析,找到改进措施,这值得广大中小企业学习。

冲量行动与其他销售活动配合——避免"万恶乱为首"

很多企业在采取冲量行动时,客户有可能正在享受其他的销售政策,业务员假装不知道,企业也有可能茫然不知,不但白白地浪费了资源,而且不知道如何处理同一客户同时享受好几种政策的问题。有时,客户由于同时享受几种政策,或者无暇顾及,或者因根本不知道企业到底想要干什么而干脆置之不理;经销商根本就没有同时执行几个销售政策的能力,被弄得晕头转向,不知如何运作市场;几种政策有冲突,企业不知道如何兑付、返利等。

结果是,冲量行动反而成了搅乱市场的罪魁祸首。

企业的销售活动可以进行有效整合,从各项正在实施的销售政策中找到一条主线,然后使各项政策形成互补,这样不仅能使市场运作井然有序,还能节省有限的销售资源。

冲量与下一阶段的执行——"明天还要继续"

执行不彻底,肯定影响下一阶段的工作,而很多企业完全不考虑这一点,总是宣称:"完成这个铁定的指标再说,以后谁敢打包票呢!"这也许就是很多企业在冲量过程中不顾后果,造成冲量过后产品几个月卖不动、销售没有起色、市场越来越难做的原因。企业不但没有很好地利用经销渠道的"蓄水池"功能,反而使冲量变成了冲击市场的黑手,将市场推向"冲减销量"的深渊!

4. 如何做好团购业务

每当节日临近,企业就为团购绞尽脑汁。团购,那么企业、员工以及团购单位都能获得利益,皆大欢喜;做得不好,就会出现很多问题,甚至惨淡收场。

说到底,团购只不过是特殊时期(或者特殊环境下)的特殊业务的处理办法而已。团购机会可以创造、可以发现,但市场本身必须有一次性大量购买产品的需求。

我们先了解一下团购的相关问题,以便更好地处理团购业务。

问题一

有团购订单时,很多企业既高兴又彷徨,高兴的是拿到了一个大订单,可超额完成任务;彷徨的是没有这方面的经验,不知如何处理。有时为了拿下订单,主管领导往往为了满足团购方的要求,会给予很高的折扣和优惠。一般来说,长期合作的经销商的折扣只有 1%,而团购折扣最高可达 3%。

解决思路：很多快消品企业正在对其终端进行细致划分，而这些企业基本上都把团购当作 KA 的业态处理（KA 就是重要客户）。看来，团购业务的处理办法可能与大客户（超市、重点餐饮等）的处理方法无异。企业在处理团购业务时，除可以单独谈一些特殊条件外，优惠额度大可与 KA 客户相同。

由于团购业务客户不像 KA 或其他客户那样，与公司建立了良好的业务关系，所以领导重视（如亲自关照或亲自拜访）无可厚非，但不可打乱原来的业务体系，如返扣、政策。

切记，团购业务本来就是可遇不可求的，企业不可因团购业务乱了方寸。

问题二

很多经销商由于长期从事经销业务，可能与政府机关、银行、学校等有大单业务合作，也与它们建立了比较紧密的团购业务关系。由于这些机构一次性要货量大，经销商可能会不失时机地找企业要团购政策，如果企业不给，经销商就以完不成本月销量威胁，甚至以竞争对手的产品作为团购产品威胁。

解决思路：一般情况下，企业可单独给一些促销礼品加深与经销商的感情，而不是给予特殊的政策，如搭赠、折扣等。如果企业不细究团购活动的真实性而轻易给予特殊政策，很多经销商必将虚报或假报团购项目，还有可能利用特殊政策窜货、砸价。

如果这项团购业务对企业很重要，企业可要求经销商让团购单位开具单位发放福利等证明，甚至让经销商与团购单位签订一次性合作合同，确定该团购的真实性后，企业可给予特殊政策。

问题三

一些企业在市场上做促销，为避免乱价和窜货，经常在做搭赠促销活动时将知名企业的名牌产品作为搭赠品，以极易流通或变现的产品为主，如饮料系列产品、日化系列产品、食用油类副食产品。于是，这些要做促销活动的企业找到有这类产品的名牌企业，以团购的形式采购产品。最终，这些知名品牌产品虽然因团购业务提高了销量，但价格也因捆绑促销越卖越低。

解决思路：这种类型的团购最终会产生"异业联合（促销）"，如果控制不好，极易出现问题，会损害名牌产品。因为作为搭赠品的名牌产品既可流通，也可变现，还可以被经销商、终端老板或者消费者自己使用，也就是说，去向有好几种，企业不容易控制其流向。所以，这些以团购为由，被一些企业当作搭赠品的名牌产品，可能与企业正在市场上正常流通的产品产生冲突，包括货源冲突、价格冲突、区域冲突等，给企业产品的正常流通带来非常多的负面影响。

解决这类问题的最好办法是分批给货，让货物不在渠道上沉积，保证产品到达终端或者消费者手中；在做超市促销时使用，便于两家企业、消费者，以及超市多方监控。

企业一定要杜绝经销商将产品与搭赠品分开卖，这样会使作为搭赠品的名牌产品的价格越卖越低。

问题四

在洽谈团购业务时，企业经常面临一个难题，那就是，对方谈判人往往要求一定的回扣，并要求现金兑现，这让业务员很为难。小企业还好说，老板一个人说了算；稍大一点的企业，财务制度非常严密，一般是不允许给客户现金的。结果，业务员放弃不甘心，不放弃又不行，有时不得不违规操作，最终出现财务问题。

解决思路：其实，这是一个基本业务常识问题，也是一个处理业务问题的权限问题。在这种情况下，先看企业有无这方面的规章制度，如果有，按规章制度处理即可；如果没有，可向领导汇报实际情况，说明情况后，由领导决定。

笔者建议业务员与对方谈判人直接表明企业的态度，共同寻找解决办法。有的业务员铤而走险，自己先掏腰包给对方谈判人回扣，然后再将返利的货物卖出去，从而收回现金；或者扣留其他货物的货款，最后与财务部门发生冲突，这都是不可取的办法。

问题五

很多企业苦于找不到团购单位，又不想放弃这项业务。于是，利用电视广告或平面广告，在广告上注明如有团购需求，可拨打公司的团购电话。但是收效甚微，往往只招来广告公司，根本招不来团购单位。

解决思路：在这种情况下，企业除公布团购电话外，还要让业务员主动寻找团购单位。

问题六

很多企业在获得团购订单后，将货物一次性全部发出。结果没过几天，这批货物就在批发市场或其他流通场所出现。

解决思路：发货时与对方协商好多次送货，最好不要让客户自提，尽量降低团购可能带来的风险。如果能做到团购订货量最大化、送货量最小化，团购业务就不会出现大问题。

问题七

很多超级市场都有大客户部，都在拓展自己的团购业务。超级市场要求企业给予更高的折扣，而企业在超级市场里的投入已经很多了，还不得不为超级市场自己的团购业务买单。结果，企业与超级市场的合作很不愉快。

解决思路：道理上，这是超级市场自己的事，与企业无关，如果实在没办法解决，可以在合同中注明合作内容；企业干脆明确超级市场不能开展团购业务，所有的团购业务由企业开展。

第十一章 营销创新案例解析

1. 天湖啤酒：少招人也能做好营销

中小企业的老板很怕招营销人员，这是因为：招新人进来，短期内产生不了业绩；招有经验的行业高手进来，费用太高，他们也未必符合企业的要求；营销人员不好管，大批人招进来后，管控不好，如同"放羊"。

中小企业的老板一直在想：有没有少招人多办事、少招营销人员也能提高业绩的办法？我只想比昨天更好，不想做行业老大，我只想在重点区域市场、重点产品、重点客户等方面取得突破或者稳定发展。

那么，不招人或少招人能做好营销吗？

辽宁天湖啤酒公司的吨酒利润非常可观。

辽宁市场竞争激烈，天湖啤酒却在抚顺如鱼得水，每年都有十几万吨的销量。

现在的消费者很难亲近，企业每箱产品都要投入十几元做促销，天湖啤酒的促销政策却是每箱产品投入几毛钱，而吨酒利润却几百元，年利润几千万元。

啤酒企业都采用人海战术，很多啤酒企业在广东东莞等重点市场都有上千人的营销队伍。可是，天湖啤酒在抚顺市场只有几十个业务员，就取得了这么好的业绩！按常理来说，十几万吨的销量，相当于几个地区甚至半个省的销量，最少也要200多人的营销队伍，吨酒利润也可能不超过100元。

是什么原因让该公司取得如此骄人的业绩呢？是什么原因让该公司在营销人员很少的情况下，取得这么好的销售业绩呢？

区域聚集

在快消品行业，几乎没有人相信集约化发展，他们宁愿大肆扩张、"跑马圈地"。其实，对中小快消品企业来说，区域聚集可让企业用更少的人取得更好的业绩。

很多企业的一线人员都会说："所辖区域市场的容量基本饱和，或者该市场是竞争对手的天下，所以我们要进行区域性扩张，要在周边开拓市场，要多招人开拓新市场……"

真的是这样吗？

一个区域市场的消费本身就是分层、分级的，有高档、中档和低档市场，有些企业甚至将高、中、低分成七档：高档上面有超高档，低档市场分成主流高价、主流低价等。对快消品行业来说，没有饱和的市场。饮料行业从原来的冷饮市场变成冷饮和热饮市场，啤酒也能当饮料卖，瓶装啤酒发展空间小了，就做罐装啤酒；从利乐包产品扩展到塑胶瓶产品，这些都是将市场集约化发展，扩大区域市场的方式。

天湖啤酒公司先开发出主流产品市场，并且逐步向中档、高档产品渗透，打破了很多啤酒企业在一个市场只销售一种畅销产品的做法，每个消费层级都有畅销产品。天湖啤酒公司将各个分层、分级的市场开发透了,销量当然是其他企业的好几倍。

其实,对中小企业来说,不要只看大企业的扩张,雪花啤酒也是在有了沈阳、成都、武汉、合肥等市场后,才有了全国性扩张的底气。

在战略性区域市场内,即使企业目标再高,只要深挖原来的渠道,并不需要增加太多人,业绩同样能增长!

产品线开发

产品线开发是少招人也能完成任务的重要手段。很少有企业做产品线开发工作,而是做相同价格、同质化产品的堆砌工作。天湖啤酒公司的产品线开发,如图11-1所示。

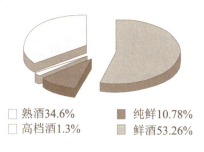

□ 熟酒34.6%　■ 纯鲜10.78%
□ 高档酒1.3%　■ 鲜酒53.26%

图11-1　天湖啤酒公司的产品线开发

试点再复制

试点再复制是在人力、物力不足的情况下最好的业务运作方式之一。

雪花啤酒近年来的发展有目共睹,最成功的套路就是试点再复制。试点再复制使半路出家的雪花啤酒解决了人力资源短缺的问题。其实,雪花啤酒当时只有四个人做全国性推广工作,四个人的部门使雪花啤酒实现了现在的全国性领先企业的神话。

对中小企业来说，为节省人力、物力、财力，试点再复制过程，也可与大企业不同。通过试点获得经验，总结经验，培训经销商，或组织各地经销商到试点参观，让经销商按该方式运作市场。

分销协作模式是好招

分销协作模式，即企业的区域经理与经销商的业务员相结合的模式。图 11-2 是百事可乐的分销协作模式。

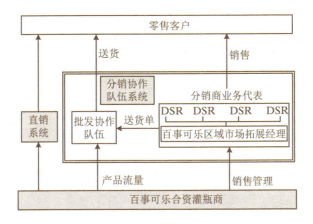

图 11-2　百事可乐的分销协作模式

分销协作模式是百事可乐让可口可乐紧张的法宝。因为该模式，百事可乐在最短的时间内，投入最少的资源，就占据了市场。

当然，还有很多方法能实现少招人也能做好营销的目标。但是，只要利用以上几大模式，抓住重点，企业即使少招人甚至不招人，也能做好营销。

2. 珠江啤酒：把啤酒当饮料卖

2012 年的前四个月，据各方非正式消息反馈，大多数区域市场的啤酒销量都在下降或很难增长。许多企业归因于天气，如下雨、低温等，导致消费需求减少，很多企业在 6 月份卖的还是春节前生产的产品。

可是，珠江啤酒的东南区域市场（包括粤东、江西、福建、华东等地区）却能逆势而上，销量增长率近 50%！是什么原因让其销量突破行业发展受阻的藩篱，成就了发展的神话？

通过对啤酒消费习惯的调查发现，在饮料渠道销售啤酒是其成功的重要原因之一。

无处可逃——惯性思维对创新的羁绊

啤酒行业有现饮终端和非现饮终端一说，这与其他行业不同。为什么会在所有的快消品行业的终端类型里，该行业有这种分类呢？这源于消费者有现场购买、现场消费，以及现场购买异地消费的习惯，如餐饮、夜店、酒吧等属于现饮终端,而小卖部、KA(超市及卖场等)、便利店等属于非现饮终端。

在我国,现饮终端和非现饮终端南北差异明显。北方天气寒冷、户外消费不便,消费者在终端购买产品并在另一地点,如家里或其他地方(烤羊肉串小摊处)的非现场消费是主流;而南方天气炎热,且流动人口多,交际机会多,现场购买、现场消费成为主流,很少有人买啤酒回家独酌。地域消费差异使啤酒企业认为,啤酒营销创新难。

啤酒行业一直有运输半径的说法。运输半径只有几百公里,超出这个半径,企业运作成本偏高。所以,啤酒企业只在生产厂周边销售,只满足当地消费者需求,通过"再来一瓶"这种简单的消费者拉动方式就能实现销售。

当然,还有很多行业的认知与运作问题影响啤酒行业的营销创新。如啤酒毛利低,因而没必要进行战略性区域市场运作,必须进行大区域、大流通、大批发,才能实现快速销售,没必要像饮料巨头那样精耕细作到每个终端;不需要与消费者沟通,只要用专场费锁住终端或包场,就能实现封闭式销售……最终,啤酒行业由于竞争激烈,销售靠硬推,业务员苦不堪言。

世上本就有路——从最熟悉的地方思考

珠江啤酒东南市场事业部同人想道:啤酒行业还有一个特点,就是啤酒包装分为罐装与瓶装。饮料行业包装也分为罐装与瓶装,对比啤酒行业与饮料行业的罐装与瓶装销售方式,看啤酒行业是否有创新的可能?

(1)饮料行业新产品开发相对容易。啤酒产品除了生啤、熟啤,7度或10度啤酒,就没有太多的产品创新了,因为设备、工艺、原料都有限制。以前,推出的苦瓜啤酒也只是在里面加了苦味素,非啤非饮的创新,每年销量增长有限……那么，把啤酒当饮料卖，在终端饮料区陈列与销售啤酒，能否提高销量呢？

（2）罐装啤酒是否有饮料消费的属性？蓝带啤酒和青岛啤酒曾将罐装啤酒做到极致。依据蓝带啤酒与青岛啤酒的销售经验，消费者主要在家里消费、节日送礼和户外消费，与饮料消费相似。消费者已经将罐装啤酒当成饮料消费，只是没有啤酒企业或行业人士敢提出，甚至尝试按这种方式销售啤酒。

（3）冷藏后的啤酒的解渴功能与饮料相似，啤酒只是含酒精的饮料，啤酒与饮料相比更解渴。可口可乐公司也于21世纪定位于非酒精饮料公司。

（4）把啤酒当饮料卖，没有增加销售成本。

我是"罐军"——一体化营销方案破局

珠江啤酒的领导班子认为，创新不一定能100%成功，但不尝试破局，100%不可能成功，尝试破局至少还有50%的成功机会。于是他们做出以下决策：

（1）联合多方人员讨论与沟通，确定营销方案主题。该方案的主题为：我是"罐军"！由于啤酒行业原来习惯于单产品突破，此次突出一体化思考，将公司现有的五种易拉罐产品整合打包做推广。一是避免了单品创新作战的尴尬与不被市场接受；二是给不同的区域市场选择权。当年，欧洲杯及伦敦奥运会盛况空前，除"罐军"与冠军有相同读音外，珠江啤酒的五个易拉罐产品形成"海陆空"舰队，突出一体化打造产品线的思路与运作方式的优势。

（2）针对营销主题制订一体化营销方案。在产品上，设定了我是"罐军"的一体化产品线，除了有统一的产品宣传主张外，不同的区域市场统一实施同一个营销方案,解决了原来一个区域市场实施一个营销方案的问题。

在终端铺货上,在每个终端点的啤酒陈列区与饮料陈列区做文章,多点陈列与堆头,提高终端的形象。铺完货后,整个市场已经形成了"罐装饮料,还有珠江啤酒"的局面。

结合公司的品牌路演,将我是"罐军"的宣传、试饮、赠券促销、现场特价促销、竞饮、口号表达、整箱消费与整包消费等用于路演活动中。

结合公司的篮球赛社区推广活动,现场宣传、赠饮、奖品兑付等,使我是"罐军"与我是冠军完美结合。

珠江啤酒东南事业部将营销、营销费用、营销队伍、营销考核、营销传播与推广从原来的体系中剥离,专门招募了10名具有饮料行业销售经验的业务员,为实施把啤酒当饮料卖的行动方案做准备。

经过思考与前期准备,珠江啤酒东南事业部希望在推广此方案的同时,至少有两三个重点区域市场取得战略性突破,具体措施如下:

(1)设立三大试点,派驻资深业务经理督导。

(2)确定传播口号:我是"罐军",珠啤"包"赢。

(3)借深度分销模式,进入饮料销售市场:啤酒与饮料销售模式互相融合、互相促进。

(4)在旺季到来之前,占据终端的冰柜与冰箱。

(5)进行全区域性品类消费引导,海报、路演、社区推广全线出击。

(6)明确每日目标,及时跟进与调整工作:将每个终端、每个堆头、每个新销售点纳入考核体系,并举办销售竞赛,激励团队在最短的时间内取得更好的成绩。

(7)体外循环,招募有发展前景的经销商,使渠道体系更加完善。

经过四个月的运作，除啤酒销量节节攀升之外，瓶装饮料的销量也大幅度提升，事业部轻松地完成了销售任务，与去年同期相比，取得了巨大突破。

当然，该案例的意义并不在于提高啤酒行业的销量与拓宽渠道。管理大师德鲁克曾说："营销即创新。"除网络营销外，传统的营销模式在新时代也应取得长足的发展。

3. 广东燕京：在"废墟"上起舞

燕京啤酒曾经创造了销量增长数十倍的奇迹，在啤酒王国中演绎了一段精彩绝伦的"京华烟云"。

同样耐人寻味的是广东燕京这家曾经险些被燕京啤酒忍痛卖掉的"鸡肋企业"，只用了短短 1 年时间，就创造了从 1 万吨到 4 万吨的销量奇迹，实现了从亏损 4 000 万元到扭亏为盈的跨越。广东燕京已经成为燕京啤酒营销创新的缩影。

诊断"问题市场"

在燕京啤酒的计划中，广东燕京应与湖南燕京、江西燕京共同组成华南事业部。可是，这三个市场的消费环境不同、企业资源不同，共同筹建燕京华南事业部的设想根本无法实现。最终，广东燕京独自承担了建设华南事业部的重任。然而，广东燕京却存在诸多问题，俨然是一个"扶不起的阿斗"。

（1）产能：广东燕京的计划产能为 10 万吨，可最初的销量仅为 1 万吨，造成了极大的浪费。

（2）现金流：投入多、产出少，在华南地区经营两年了，竟然亏损 4 000 万元，资金日益紧张。

（3）产品线：广度和深度都不够，中、高档产品开发不力。

（4）定价：沿用青岛啤酒的底价操作模式，结果陷入价格战，产品利润微薄。

（5）销售区域：缺乏"根据地"，遑论区域拓展。

（6）渠道：广东燕京想模仿青岛啤酒的大客户制，却遭遇"水土不服"。

（7）团队：虽然从青岛啤酒华南事业部"倒戈"过来 80 多人，但富有创新精神的人才仍然匮乏。

剥茧抽丝，发现核心问题

毋庸置疑，广东燕京存在的问题几乎涉及企业营销的所有方面。但是，如果"头痛医头，脚痛医脚"，就找不到核心问题，纵然能解决个别问题，也很难使广东燕京突破瓶颈。剥茧抽丝后，核心问题逐渐浮出水面。

（1）销售区域不聚焦：广东燕京在没有任何根基、资源有限的情况下，没有聚焦一个或数个市场，将"网"撒得太宽，经销商管理方式粗放，产品不动销，渠道面临的问题越来越多。

（2）品牌影响力有限："燕京"是北方品牌，在华南市场的影响力有限。因此，在营销策略上就不能照搬"青岛"等知名品牌的运作体系，应当因地制宜、顺势而为。

（3）缺乏本地化产品：多年来，广东消费者已经习惯了珠江纯生啤酒的传统口味，产品没有卖点，在市场上就没有出路，广东燕京急需创新产品。

（4）价格策略不符合实际情况：靠价格战复制青岛啤酒的底价操作模式，并不符合实际情况。

当然，广东燕京还有人员、目标、管理、绩效、终端、推广、合作、流程等方面的问题，但是，上述四个问题是最基本、最核心的问题，是掣肘广东燕京发展的根本性问题。解决了这些问题，就等于叩开了市场之门，就可以实施各种营销计划了。

系统方案打基础

广东燕京的上述四个问题，并非孤立的，而是有内在联系的。为此，广东燕京制订了"区域—产品—渠道—运作—管理"一体化解决方案。

（1）销售区域：将珠江三角洲作为首批重点销售区域，并且将佛山、广州、东莞的部分地区设定为基地市场，在销售费用上给予倾斜。同时，在这些市场塑造品牌、推广新产品、建立合理的价格体系。

（2）产品策略：依据华南市场的消费偏好和竞争格局，设计了产品金字塔体系，对原主销产品进行升级的同时，着力打造符合珠江三角洲地区的消费者偏好的新产品。两款新产品在功能上还做了区分，意在通过打产品"组合拳"，提高产品的竞争力与影响力。

（3）价格策略：虽然青岛啤酒的底价操作模式在华南市场有效，但这种定价方式并不适合广东燕京。在品牌影响力上（华南市场），广东燕京不如青岛啤酒。因此，广东燕京果断舍弃原来的底价操作模式，设计全新的价格体系——在价格上设定了"操作空间"，既能确保公司政策的统一性，又能给业务员留下灵活操作的空间，以便解决进店销售问题。

（4）渠道策略：原来采用的大客户制不适合啤酒产品。销售区域、产品线、价格体系逐渐明晰之后，广东燕京实施了深度分销模式，推动渠道下沉。广东燕京重新规划渠道之后，改进了现行的经销商管理制度，强化了经销商终端销售和服务职能，并且在考核制度上做了相应的调整，意在调动经销商的积极性，快速打开市场。

（5）品牌策略：广东燕京明确了产品定位，注入了时尚、个性、新鲜等元素。在传播上，由于企业之前一直亏损，所以费用有限。因此，在媒体选择上，广东燕京放弃了费用较高的电视媒体，改从终端入手，直接传播产品，贯彻终端品牌一体化的思路。

由于广东燕京之前亏损较大，所以在设计营销策略时，自行设定了费用红线，争取实现投入产出最大化。与此同时，广东燕京推行终端品牌一体化、推广传播一体化、区域一体化、产品体系一体化策略，为扭亏为盈打下了坚实的基础。

样板市场寻突破

考虑到燕京啤酒在当地的影响力，广东燕京没有选择广州、深圳等竞争激烈的一线城市，而是将佛山作为突破口。

营销策略的有效执行，取决于有着强大执行力的"营销铁军"。为了实施营销计划，广东燕京培养了三支新队伍：第一支队伍，新招了一批业务员并对其进行系统化培训；第二支队伍，整合经销商资源，建立和谐共赢的厂商关系，对经销商进行培训，切实提升其营销能力；第三支队伍，对原促销队伍进行全面培训，使其充分理解企业的营销策略。至此，广东燕京有了阵地（样板市场）、人员（三支队伍）、车辆、战略和策略，以及较为完善的行动方案。

在实施计划的过程中,广东燕京开展了"非常营销"。当几乎所有的啤酒企业都聚焦于纯生啤酒时,广东燕京反其道而行之,别出心裁地推出鲜啤。在定价上,鲜啤比纯生啤酒价格低,但在促销力度上却高于后者。例如,广东燕京采用了"买啤酒送钻戒"的产品上市推广手段,厂商联动,辅以终端促销。只用了短短3个月的时间,就取得了佛山"攻坚战"的胜利,成功地打破了珠江啤酒、金威啤酒等主要竞争对手的封锁。随着销售区域的不断拓展,广东燕京不断总结成功经验,并将其复制到新的市场上,从而呈现出多地滚动发展的良好态势。

"车销":"老办法"打开新局面

好的战略是成功的基础。广东燕京为了顺利打开市场,策划了"开往春天的地铁"大型"车销"活动,逐级推进,最终覆盖了整个珠江三角洲地区。广东燕京为每辆销售车配备了3~4名营销人员,集区域市场开拓、进店铺货与新产品上市、形象推广、促销活动开展、服务改进、终端摸底与签售等职能于一身,进行逐条线路、逐个区域市场的滚动式销售,形成了"移动的终端"。

事实证明,"车销"打开了市场。针对样板市场——佛山各个镇,广东燕京从各个区域市场抽调了6辆依维柯进行移动销售,并对铺货、安排赠品、物流配送等工作做了周密安排。

"车销"计划由广东燕京总经理亲自挂帅,推进了半个月后,整个佛山的终端覆盖率超过70%。销售车辆经过之处,新产品进货折让政策、消费者赠饮和促销活动次第跟进,不断夯实"车销"带来的效果。"车销"也使广东燕京啤酒的原业务员有了前所未有的触动,大家逐渐理解了啤酒销售的操作方式。

总结：六大创新模式

年终岁末，燕京总部将广东燕京的成功归结为6个创新：

（1）模式创新：打破了原有的底价操作模式、大流通、大批发、产品价格折让制。导入全新的体系，实现了从粗放式操作到精细化操作的全新变革。广东燕京成为整个燕京啤酒集团的榜样。

（2）产品创新：燕京啤酒集团的全国各地的产品，都以北京市场的清爽燕京，即"普京"为基础。广东燕京从本地实际情况出发，开发出了口味与纯生啤酒相近的鲜啤，并将它作为主打产品，迎合了华南市场，扩大了操作空间，为集团向全国发展做了有益的尝试。

（3）渠道创新：从传统批发到深度分销，并且沿着基地市场向外逐步渗透，实践了区域滚动的市场发展思路，这是对传统渠道的变革，推动了燕京啤酒集团的销售升级。

（4）推广创新：在产品推广上，每个销售人员在权衡餐馆进店费用后，自行决定是否进入，实现了全员自主营销，这是极大的创新，解决了费用预算与使用的难题。

（5）传播创新：广东燕京在传播上采取了终端品牌一体化的新模式，大大提升了费效比，使每个终端既是销售点，又是传播点。

（6）区域开拓创新：广东燕京在区域开拓上采取了逐级开发模式。这一模式不仅是燕京啤酒进行区域开拓的有效手段，而且是集团进军全国市场的有效手段。

目前，广东燕京的成功经验已被复制到湖南长沙、衡阳等市场。当然，我们欣喜地看到，整个啤酒行业的营销能力在近年来获得了极大的提升，无论是雪花啤酒的大分销模式，还是青岛啤酒的品牌营销、体育营销，都成了全行业营销的财富。广东燕京的成功给我们以下启示：不要过于迷信经验，环境变了，营销策略也要与时俱进，甚至要颠覆以前的经验；靠"一招鲜"制胜的时代已经过去，取而代之的则是系统营销；做营销应当步步为营，不能贪大求全。营销无定式，但要有套路。既然没有定式，就不要期待一个营销方案能解决全国所有的市场问题；有套路，先将一个区域市场当成试点，取得成功后再迅速复制到消费环境相似的区域市场。

广东燕京的成功经验可以用四个字概括：不断创新。

4. 舍得酒业：销量翻五倍的团购策略

"高档白酒团购，要依靠经销商的关系！"

"我们都在一线市场做团购，很辛苦，一个一个客户地谈，有时，一个客户谈半年都没结果……"

"这么多白酒业的专业咨询策划公司，能适合高档白酒团购的招儿都想过了，难道你还有新的招数？"

新的招数？肯定有！但这里谈的不是点子创新的问题。以下策略没有招式的"一招鲜"创新，只有招式的有机整合，但这种整合能创造出销量奇迹！

舍得酒基本上与水井坊同时推出，但二者发展呈现出不同的轨迹。舍得酒业的营销能力应该说非常不错：全国第一支广告歌、全国最早的动态电视广告片、全国最早实施 CIS 系统的白酒企业、全国最早请职业经理人担当总经理的白酒企业、全国第一个文化酒、全国第一个酿造生态园、最早在全国范围内销售的白酒、销售网络最全面的白酒之一、全国十七大名酒、川酒六朵金花、上千年的泰安作坊……可是，这些都没给舍得酒带来令人欣喜的业绩，为什么？

舍与得不匹配的舍得酒团购

舍得酒一直稳步做品牌，品牌本身底蕴足，品质好，也有文化内涵，中国的白酒团购市场很大，舍得酒有很大的发展空间。

舍得酒业采用倒扣式模式，这是白酒业的特点，舍得酒扣点也遵守了行业基本规则。各地的经销商主导当地团购工作，同时舍得酒业派驻运作组和经销商一起推广舍得酒。舍得酒业也一直在会议上呼吁：要运作好舍得酒，舍得酒是公司的战略重点。各地经销商的团购方式不同，包括品鉴、送礼、开会、联谊、旅游等。

可是，舍得酒的销量并没有跳跃式增长，或者说，只是在自然增长的基础上稳步增长，很难取得突破。

当然，身处白酒业的同人们非常清楚，企业的产品销量不好，除了销售管理、政策、经销商能力等问题外，最重要的问题可能是品牌影响力不足、客户沟通不畅、品牌气场不够、产品消费氛围不足，舍得酒只是消费者或大客户的候选产品，不是必选产品，也不是优选产品。

创意频出的团购策略被湮灭，新路数的大客户营销方法又很难创新，这是除了几大高档白酒巨头的所有高档白酒企业面临的难题。

套餐式标准化整合营销

套餐是既能实现标准化，又能实现个性化的最佳方案之一。

（1）结合全国各地的大客户分类，进行套餐分类。

（2）综合全国各地的大客户营销方式，与大客户分类结合，制定 4~6 个套餐方案。

（3）舍得酒业确定了中华文化第一酒的定位，大客户团购的核心是"文化"。

（4）针对每个套餐方案，制定各套餐的具体内容与操作步骤。

（5）统一主题，分类进行驻点解说推广，让客户接受"大统一"的思想，让客户自己选择喜欢的套餐方案。

表 11-1 是全国套餐团购总体规划表。

表 11-1 全国套餐团购总体规划表

	套餐一	套餐二	套餐三	套餐四	套餐五
主题	文化收藏游	文化论坛游	文化商业游	文化成长游	文化休闲游
主要针对客户	A 类大客户	B 类大客户	C 类大客户	D 类大客户	E 类大客户
时间	年中及年末	年中及年末	年中	年秋	年夏或秋
地点	北京故宫游	北京×××蜂会、论坛	香港×××商业游	香港×××企业观摩游	北京×××高尔夫俱乐部
主邀嘉宾	×××/×××	×××/×××	×××/×××	×××/×××	×××/×××
价格	7 999 元/人	4 999 元/人	9 999 元/人	4 999 元/人	5 999 元/人
频次	一年两次	一年一次	一年两次	一年两次	一年两次
传播	总部	总部	总部	总部	总部
现场推广	区域	区域	区域	区域	区域
资格	X 瓶名	Y 瓶名	Z 瓶名	V 瓶名	W 瓶名
费用	＿＿元/瓶	＿＿元/瓶	＿＿元/瓶	＿＿元/瓶	＿＿元/瓶

预估销量：×××箱
预估费用：×××元

舍得酒业在各地设置了舍得酒运作组，许多高档白酒都用这种方式运作市场，这种散点式执行，凭个人能力、经销商关系、辛勤努力的方式，往往能出奇制胜。如果建立一个全国性大平台，公司与区域市场联动，销售与主题营销相结合，气场更足、氛围更浓。

全国各区域市场单独运作，就是一个个小指头的运作，全国各区域市场与公司的整合运作，就汇成了一个拳头。一个指头的执行力与一个拳头的执行力，哪个更强？

舍得酒业的团购策略带给我们哪些启示呢？

（1）没有全国性的销售，但有全国性的策划：白酒业策划将从原来的产品策划、品牌策划向活动策划、推广策划转变。

（2）"总部控"是将来团购发展的方向：所有事情都是统一性与个性的结合体，"总部控"能为大客户营销造势。

（3）总部一体化思考，区域专业化行动：其实，各大白酒企业都有丰富的经验，在现有的基础上整合资源就是一个不错的办法，不要期待"钻牛角尖"的点子能一招制胜。

5. 沱牌曲酒：中、低档白酒的发展路径

四川沱牌曲酒是中国中、低档白酒的领头羊，其全国性的沱牌曲酒销售，如同快消品的饮料、食品一样，深入三、四线市场，与消费者亲密接触，品质领先、薄利多销成就了沱牌曲酒的中、低档白酒的领先地位。

沱牌曲酒的中、低档酒销售模式的试点区域市场曾取得过三连翻的佳绩，本书试着从沱牌曲酒的中、低档产品销售中归纳出中、低档白酒的战略发展路径。

遂宁市射洪县中、低档白酒运作人员申请

目的：促进中、低档白酒产品销售，试点一体化深度营销，并为中、低档白酒更深一步推广做模式、人员、能力的准备。

主要内容：

（1）在射洪县招聘6名业务员：6名业务员跟进与接手线路工作，主要工作内容为新产品上市、铺货、开拓、生动化陈列、日常管理、信息收集、打击竞品，以及协助分销商铺货等。人员交付时间为12月5日以前。

（2）在射洪县招聘6名驻地业务员：射洪县有3 000多个终端售点，并且餐饮店铺货率不高，特招聘6名驻地业务员。驻地业务员的主要工作内容为终端开拓、销售、生动化陈列、信息收集等。人员交付时间为12月5日以前。

（3）在遂宁市招聘6名业务员：招聘6名业务员跟进与接手线路工作，主要工作内容为新产品上市、铺货、开拓、陈列、日常管理、信息收集、打击竞品，以及协助分销商铺货等。人员交付时间为12月15日以前。

人员要求：

（1）年龄：30岁以下。

（2）工作经验：具有沱牌曲酒工作经验或快消品两年以上的销售经验。

（3）高中以上学历，愿意接受现代营销理念与营销模式。

（4）能吃苦、踏实肯干，愿意接受规范化、系统性运作的管理方式。

考核与管理：

（1）设定考核目标。

（2）依据公司的考核制度严格考核。

总经理特别奖励：针对目标达成情况，除正常考核激励外，每月末举办评比活动，根据评比结果，设营销总经理特别奖励基金，具体奖励另附文件。

以上是沱牌曲酒进行深度分销试点工作前的人员内部招聘文件，沱牌曲酒从2009年11月就启动了中、低档白酒的新模式的打造与营销新变革方案。

虽然试点工作与模式变革落地在2010年春节后才启动，但在2010年年底，该区域市场的销量已经增长了三倍，沱牌曲酒的中、低档白酒的份额已经很高了，提升销量应该不太容易，是什么促进沱牌曲酒中、低档白酒再创新高呢？

划分区域，聚焦区域——"生态圈"区域战略

中粮集团董事长曾在华润集团时提出过著名战略——蘑菇战略，雪花啤酒通过蘑菇战略实现了掌控全国的重点市场，进而渗透全国市场的目标。

其实，中国的白酒企业需要实施这类战略，因为白酒消费的差异性很难使一个产品在全国各地都取得成功。所以，还不如静下心来运作好自己的基地市场，然后再找一两个或更多的战略市场重点攻破。

事实证明，中、低档白酒的发展路径与高档白酒的发展路径有很大差异。中、低档白酒要快速销售，而快速销售并不是全面铺开、到处招商。中、低档白酒应该做好区域市场试点工作，成功后再快速复制经验。很多中、低档白酒企业没有这样做，市场始终不温不火。沱牌曲酒在中、低档白酒销售提升过程中，并没有全国性"撒网"，而是先规划区域市场，从而集聚营销资源、重点突破、稳打稳扎，将市场做透。

为了成功推进区域试点工作，董事长亲自参加会议并督署工作，副董事长和营销公司总经理除了高度关注外，还亲自挂帅，甚至退休的原党委书记都亲任组长，协同咨询公司共同推进原来牢不可破的"贴地皮"工作。沱牌曲酒是国内最早真正推行"生态酿酒"的企业，所以我们给其起了名字，叫作"生态圈"战略。其实，缩小区域，推进试点工作，总结经验，滚动突破，是中、低档白酒的发展路径。

像快消品一样铺货，力求全面覆盖市场——"地毯式铺货"实施战略

很多中、低档白酒企业还认为，白酒的销售业绩增长主要靠产品开发、有渠道与社会资源的经销商，以及广告拉动，即使是白酒业大力推行的"盘中盘"模式，也是希望通过经销商在核心区域市场做小盘推广工作，激活小

盘，小盘共振大盘。

我们用大量的成功方案，以及方案在沱牌曲酒实施的可能性和效果预估说服了老总。沱牌曲酒派出铺货专车，从公司车间抽调人员进行全面铺货，一个月内走访了几千个销售点，销量翻了几倍。同时，产品品质较高，而且有小礼品，产品一个星期就实现了二次周转，一个月后，周转周期为10天。

营销没有定式，但有套路。我们只要到一线的餐馆、中小型超市、小卖部等销售网点做调查，就会找到自己的营销策略与各类营销问题的答案：终端缺货，补货；终端铺货率不高，集中力量铺货；产品不动销，根据终端反应调整政策；竞争对手太厉害，我们在终端总能找到竞争对手的弱点，然后制订打击方案……这些都以铺货为前提。

当然，很多企业会反映，铺货难度大、问题多。当您真正下定决心并行动时，您可能会发现，很多问题并不是问题。据沱牌曲酒员工讲："原来做过三四次的类似工作，最后都不了了之，其实，铺货不是策略问题，而是执行问题！"

只做三五款产品——"做减法"产品战略

通过给多家白酒企业做咨询策划，笔者认为，白酒业可能是对产品最不负责任但又是最负责任的行业之一。白酒业流传三五年倒一个牌子、换一个品牌，但酒厂还在，不少酒厂已经换了好几个牌子了，这是不负责任的表现。白酒业的包装设计技术相当发达，衍生了很多白酒包装设计公司，市场部的功能之一就是设计产品包装，这又是负责任的表现。

在沱牌曲酒中、低档酒销量提升的过程中，我们对产品进行了严格的筛选，从多个角度确定产品。首先，让销售区域市场提报可能适销的产品；其次，从公司的规划角度审视哪些产品与公司的总体规划匹配，哪些产品是区域市场的特殊销售产品；最后，抽时间走访部分终端，进行隐蔽性访谈，综合研讨得出近期销售产品体系、中期销售产品体系和远景销售产品体系。

由于库存的原因，推出了11款产品，但我们并不担心，因为这11款产品只是近期销售产品体系中的产品，而在远景销售产品体系中，这11款产品中只有3款产品。我们在前期销售过程中，已经在开发中期与远景销售产品体系。

中、低档白酒有销量才有活路，"多生娃娃多得工分"的旧思想仍存在于白酒业，沱牌曲酒的成功证明成功的企业一定是能"做减法"并且有远景产品规划的企业。

终端品牌一体化营销——终端品牌一体化整合战略

在终端做品牌，为中、低档白酒省了一大笔广告费。

我们在对沱牌曲酒进行中、低档白酒销售试点调研时发现，白酒业的促销推广没有我们想象中那么难、花钱那么多。

100条横幅、100个易拉宝、1 000张单张广告、几千个打火机、2 000张海报，这就是我们做试点工作的全部资源！当时，我们没有多少费用，只是采用最熟悉的终端品牌一体化战略。中、低档白酒企业一般都有一些知名度，对于普通百姓来说，喝酒实惠、品质好、品牌有点儿名气、现场有气氛（生动化陈列）就行，再加上促销员或服务员的推荐，基本上就会消费该产品。几十元钱，尝试一下不同品牌的酒，这是消费者的普遍消费心理。这样的消费心理，满足的不是"身份"需求，而是情感需求、社区性需求。

中、低档白酒销售很难吗？真的那么难推广吗？其实，我们只要产品、服务、推广、促销、生动化陈列与展示，加上关爱与亲近，市场对你并不苛刻。

天天盯着它，不怕不开花——"贴身服务"督导战略

中、低档白酒的竞争来自哪里？白酒消费确实有地域色彩，但是，我们发现非地域品牌成功的例子太多了。

沱牌曲酒尝到了中、低档白酒销售模式革新的甜头之后，曾经想直接进行全国性推广，这时，我们不但不支持，还投了反对票，并且提出了要求：我们需要人！

我们认为，沱牌曲酒是老牌企业，难免存在模式老化、人员老化等问题。老化就需要激活，咨询策划公司迟早要退出合作的企业，那么我们能留下什么呢？一套体系、一个样板市场、一批人、一份业绩、一条发展路径……最重要的是，能留下一种企业可持续性发展的、能复制的信心、动力和能力。而现在，人还不够。

我们一边招募人员，一边优化样板市场的运作与管理体系，升级运作与管理工具，将招募来的人员进行"洗脑式"系统培训，让他们进入市场、做好督导工作，巩固胜利成果。他们在将此套运作管理系统在样板市场复制后，将种子播撒到全国市场，最终在全国开花结果，并且激活了旧体系。

为中、低档白酒进行贴身督导工作还有一个重要的发展方向，那就是推广中、高档产品。现在，沱牌曲酒对各种营销要素的应用越来越熟练，公司已经导入原来在远景产品规划中的200多元/瓶的产品，并且销量成绩喜人。

中、低档白酒与高档白酒的发展路径不同。不同点在于中、低档白酒的消费与购买习性。沱牌曲酒正在用上述战略发展路径、模式和方法，实现中、低档白酒的跨越式升级和销量成倍增长的目标。

6. 从林依轮做饭爷辣酱看调味品经营动向

林依轮这个自称早就过气了的歌星，不但做起了美食节目主持人，而且在朋友的激将法下做起了饭爷辣酱：你将来唯一留给人类的可能只是美食，但你必须用产品的形式将美食留存下来！

近期调味品行业动作频频

调味品是快速消费品的一种。它虽然不如食品、饮料、酒那样具有周转快、体量大的特征，但产品也是消费者每天不可缺少的。

近年来，调味品行业发生了一些变化，首先是食盐，全国进行放开经营，可以说对行业影响巨大，被认为是破天荒的一次变革。全国不少区域开始或请老师做培训或开设论坛研究讨论，分析行业发展趋势，讲述消费品的市场操作手法，如何应对竞争，如何打价格战等。可以说这将促进调味品业的百花齐放。

其次，就是已经有一些调味品大商们，开始进行了B2B电商平台的打造，进行电商尝试。由于调味品行业的便于餐桌经济的打造、一定的利润空间、原来相对封闭的竞争格局，使其在移动互联创业普遍哀鸿遍野或根本找不到盈利模式之时，竟然能赚钱了！所以，这也算给整个快消品业一个很大的鼓舞吧！

再就是歌手林依轮的跨界做辣酱了。不但做辣酱做出了39元一瓶的高价，还实现了多种营销方式的应用，并且有可能成为一个爆发点。他的不少方式方法和手段都值得我们探讨，也可能是下一步调味品业升级的一个方向。

据说有一个酒业大佬也是非常看好调味品这个行业，希望有机会也能投资一些心仪的调味品企业，有资本的注入，或许未来的调味品行业更有好戏看了！

调味品业的产品升级

应该说调味品业是一个非常传统甚至是古老的行业，产品品类繁多，并且不少的产品价格相对平民化。但是，随着中国第三次消费升级，这种现实可能要发生一些变化。

林依轮这个外行跨界做辣酱，他以两个理由进行着产品升级：其一，食材好，工艺足，他有足够的匠心来做好一瓶辣酱，为什么不能卖贵一点呢？其二，他咨询过第三方机构，当前中国的中产阶级数量全球最多，达到1.09亿人，并且在不久的将来要达到两三亿人，其本身就是希望将产品做给中产阶级家庭的。

在林依轮原来没做产品升级，将产品定价到39元之前，淘宝上及各种购物场所基本是10元以下的辣酱产品，自从做出39元的饭爷辣酱后，淘宝上已经出现了不少10元以上，甚至二三十元的辣酱产品。

能否从这一事实看出，调味品业可以进行产品升级了？

调味品的渠道

上面说到，做电商的调味品企业中已经有盈利的企业产生了。

应该说，调味品业是相对来讲较好做 B2B 电商的，一是店家都非常希望各类调味品能够一家送，调味品用量有大有小，产品多而杂，进货送货频次还不一，多家送，交易与结算都是麻烦，他们希望餐桌上的东西能一两家配齐了。二是由于调味品传统经销商相对以贸易型居多，服务能力有待加强，而新生代的 B2B 电商，无论是长远发展的意义，还是系统性工具，以及日常运营，都比以前有所改进。所以，调味品业的电商销售应该值得期待。这或许可成为调味品业未来的重要分销形式。

另外，又回到林依轮饭爷辣酱的操作上来。他从 2014 年创建公司开始操作饭爷辣酱，2016 年的销售额是两三千万元，2017 年的销售额目标是两亿元。除开发更多新产品外，可能只能从渠道上来算计与拓展了。原来一直在淘宝、京东等电商平台上做，再加上自己直播产生销量，各处亲自上阵，也只卖了两三千万元。这新的 2017 年销售增量从哪来？看来只能从传统渠道。

从他的渠道策略看出，传统渠道还是上量的最佳路径。做传统调味品的厂家及商家可能还在为不能做电商着急呢，林依轮却主动将渠道铺到线下。但他线上的销量却也是实在的增量，不可小觑。包括操盘渠道的核心骨干，也是传统快消业的精英。

所以，未来调味品的渠道模式一定是线上加线下。

所以，做调味品的厂家或商家们，赶紧布局你的新渠道体系吧！

调味品的传播与推广

应该说传统调味品企业的传播推广方式就更老三样了，如广告、海报、小册子，还有稍大型知名一点的企业在超市里做堆头、促销小姐促销、家用礼品促销、包装换礼品等。相对别的行业而言，与餐饮等行业协会合作、厨师合作、提供菜谱，也是行业特色。但是，我们发现，这次林依轮利用自身特点，进行了非常多的跨界尝试，非常值得调味品业思考与借鉴。

一是利用自身 IP 影响，整合资源，进行广泛的线上传播。据说林依轮要做辣酱，微博上就到处是大 V 朋友转发的信息。还据说林依轮正是看到移动互联网如此不可想象的影响力量，从而下了决心及加大了投入来做调味品创业的。

二是与中国的请吃饭聚会特色结合，在聚会中传播。据说林依轮非常喜欢周末召集好友聚餐，他的厨艺口碑就是这样传出来的，而他的第一个投资人，就是隔壁经常过来蹭饭的朋友，这位朋友认为太好吃，并且激将说其将来"流芳百世"的唯一方式就是创业，将美食美味做成品牌留下来，并事先给了他一笔创业费！这样美好的故事，也形成了极大的口碑传播。

三是新渠道与关联渠道合作。除淘宝外，京东与饭爷有很铁的合作关系，在上面卖断货还造成了洛阳纸贵的感觉，大家口口相传。据说还要与汇源的渠道并轨。

四是跨界做直播。林依轮是最早做直播的明星之一。他与儿子吃一个小时饭就有几十万人观看，这让他产生了极大的触动。后面做产品直播时，竟然几个小时内就售罄了。所以，新的传播方式真的是有不可想象的影响力。

这几点，虽然调味品企业有的能全部做到，有的能部分做到或暂时都做不到，但都是调味品业活生生的案例。其实，近年来，消费品业的渠道经销也越来越跨界了，酒水经销商做饮料，乳业经销商做水经销，甚至加油站渠道做消费品经销，等等，都屡见不鲜。调味品业应该大胆尝试将渠道拓得更宽些、更广些、更深些，在移动互联时代，打破很多壁垒与不可能。

调味品业有新生机会

移动互联时代，不是商业发生了变化，而是人与人之间的关系与沟通互动发生了很大变化，从而商业不得不顺应改变甚至颠覆。以上这些，有些是完全颠覆传统的，有些是跨界的，有些是融合传统的，总之，对业绩有贡献的，就是应该坚持去做和坚持去创新的！

调味品业也是时候该考虑做新销售了。

7. 都在谈汇源的问题，但为什么汇源还一直活着

不断有新闻，说汇源的高业绩后面隐藏着暗礁。

于是，又有唱衰汇源的各种论调传出。

于是，笔者也就想问一句，你们都认为汇源不行，但汇源为什么一直没死呢？

企业经营的基本命题是什么

看过那么多书的你一定会说：对，是人！

书上写着呢：人是企业最根本的战略资源；人才是企业之根本；人才是企业发展的根本因素；人是企业核心竞争力之根本；人的因素是企业发展之根本……各种说法，终结成一个字：人！

可是，会不会有人质疑这个命题？会不会有人质疑企业经营与人的

关系？

其实，企业经营的基本命题是产品，企业管理的基本命题才是人。

管理改善业绩，经营创造业绩，而产品才是经营的基础。

所以，只有了解了企业的经营管理与人及产品的关系，分析这个问题才有意义。

产品是企业的安身立命之本

笔者20世纪初进入可口可乐公司，做酷儿的产品经理，当时汇源正在花钱推进其低果汁含量的"真"系列（后来有很多报道：汇源"真"系列的真鲜橙、真苹果、真菠萝、真蜜桃果汁是汇源集团在2002年4月推出的饮品，产品采用从意大利引进的国际最先进的PET无菌冷灌装技术）。而酷儿也是低果汁含量的饮品，所以我们当时还有些许紧张，怕这个"真"系列产品会给我们推广酷儿带来很大压力。

虽然，后面事实证明，汇源的低果汁含量产品并不一定在市场上非常突出，但其百分百果汁含量的产品却可以说是长盛不衰，也基本没有对手。当时还有一个品牌，叫茹梦，营销好像做得也不错，后来却经几次企业转手，现在基本见不着了。还有一个品牌，叫华邦，也是被收购了，我们现在也难以喝到华邦的果汁饮料了。

为什么汇源没倒呢？朱新礼是中国名副其实的果汁大王，汇源从果园基地起家，上游比较稳固。汇源果汁基本上是朋友聚餐必备，家庭装一枝独秀。当然，市场上也有不少汇源果汁问题的报道。据尼尔森公司市场调研资料显示，按销量计，截至2015年12月31日，汇源的百分百果汁及中高浓度果蔬汁在中国市场的份额分别为59.2%和41.9%，这却是不争的事实。

后来还有一件事情成为行业巨大新闻，那就是朱新礼说的：企业就像猪，养大了就要卖掉，并且买家就是可口可乐公司。可口可乐公司为什么看上了汇源呢？那还不是因为汇源果汁的上游果园基地、汇源本身的百分百果汁，以及中高深度果蔬产品。

不是大单品、不是爆品，是真正有需求的产品

人们从来就没有停止过对产品的讨论。为求概念易于传播或为己所用，不少人挖掘出大单品、爆品的概念并进行打造。这些说法很有市场。可我们也要说，这确实也是一种蛊惑人的说法！

真正能成为大单品的，背后不知有多少小单品的失败，大单品基本就是踩着小单品上位的。

真正能成为爆品的，那也是通过大量资源的集中性投入、集中性时间利用、集中性渠道落地开花等而实现的。很明显，不少爆品来得快去得也快，淘宝、天猫上的爆品更是一眨眼就不见了。

有人可能要说了，可口可乐不是大单品吗？红牛不是大单品吗？王老吉、加多宝不是大单品吗？是的，它们都是大单品，但你也发现了可口可乐有很多 SKU（Stock Keeping Uint，库存量单位），近年增长主要靠新品；而红牛面临近期的授权困境，华彬集团不得不成立消费品事业部，推出"战马"等四支产品；王老吉与加多宝为什么要如此争，加多宝为什么不得不出金罐；等等，那都是没有产品体系的无奈啊！

人类的需求，本身是分层分级的。所以各个需求层级都可能产生大单品。一个真正成功的企业，基本都会有大单品系列。至于我们的本土企业，由于资源、能力的稀缺，可能会将资源与能力积聚在某一两个产品上，集中力量

投入与轰炸，这无可厚非。

但是，这方面最大的问题是：中国实施市场竞争时间并不长、营销理论与实践并不久，无论是本土企业本身还是本土的策划公司，其实并没有多少有这种深厚的洞察需求能力，最终大多还是主观地认为而已。所以，我们劝企业，还是别仅赌在拍大腿决策之上。真正了解需求，这可能是需要时间与能力的。盲目的大单品、爆品战略，真的不可取！

移动互联时代对汇源提出了更多、更高的挑战

汇源虽还活着，但活得没有大家想象中的那么好，这也是不争的事实。由于企业及企业家的基因、意识、格局、文化等，汇源屡被人诟病，所以，包括家族化管理、职业经理人受排挤、业绩高压、员工流失、市场管理混乱等，每一个问题可能都是一个炸弹，并且层层累积，还有可能产生更大的不为外人知的隐患。

同时，由于人与人之间的关系已经基于移动互联发生了改变，以及消费升级的影响，消费品业近两三年的经营数据大都不理想。或许，这种消费升级+移动互联+模式老化+思想固化，才是最令消费品业如汇源之类的企业感到焦虑灼心的问题。

8. 沱牌与 1919 酒类，代表整个白酒业的重新崛起

天天只听闻茅台、五粮液的新闻消息，可是我们要说：别再总谈论茅台、五粮液了，整个行业不止这两个品牌！沱牌的重新崛起和 1919 酒类的跳跃式提升，可能正代表了白酒业厂家与商家发展的正确道路，也代表了权贵消费、团购营销、代理经销与贸易、贴牌与技术输出式的粗放、无视市场的行业粗放式运营的终结。

深受错误发展思路困扰的白酒业

白酒业是传统产业，也是消费品业，有着几千年的行业发展史，它也是所有行业中较早接触到消费品业营销与管理理念的行业，尽管如此，该行业还是深受错误发展思路的困扰，为什么这样讲？

我们来审视一下白酒业：

（1）白酒业有多少企业真正关注了消费者？有多少重视消费者的消费档案？

（2）白酒业有多少企业的触觉触及到了市场最末端？

（3）白酒业有多少企业的广告一直自说自话？各企业的表述基本雷同。原来高速路上的广告牌，去掉 LOGO，你能否认出这是哪个企业的广告？

（4）为什么行业已经发展千年，销量还是要在招商上动念头？2017 年的糖酒会火得一塌糊涂，人挤得水泄不通，但又有多少效果？

（5）为什么市场部做的都只是包装瓶子、包装盒子？

其实简言之，就是白酒业的营销还有较大的提升空间！

你可能不信，我们就拿沱牌酒来举个例子：曾经很长一段时间，就在沱牌生产厂所在的四川省射洪县柳树镇，另外一个白酒品牌占据的市场份额远大于沱牌。而也就是一个简单的决定（这还借用了外力来促进这个决定的出台），由董事长牵头，安排已退休的老书记把关，安排一个从外地退回来的老业务员将营销做得更细化一点，弄一台车、三四个还未毕业的学生进行市场服务，然后请镇上的邻舍吃饭并开了个会，一个月时间沱牌的市场形势就出现了反转！

在前几年由于国家相关政策出现了大量关店或店面转型之时，1919 酒类却实现了几何级式的扩张，并且在朝千亿商业企业迈进。为什么他们能崛起，我们却不能？难道是环境没促成我们厉兵秣马、奋发图强、锐意创新，从而实现稳定的可持续的成长？我看并非如此！

白酒业没有大道理，只有两个字：到位

我们先来看看沱牌公司以前的主要操作方法：

（1）客户主导操作市场。

（2）营销费用。一直是打包给经销商，经销商使用后到公司来报销。这表示费用管理、经销商管理、市场管理、业务管理，基本还是在经销商处。

（3）销售执行。虽然原来各地有战斗单元，但既然是经销商主导市场制，销售经理基本也只能担当联络客户、对市场进行基本维护的角色。

（4）营销方案。一个十亿级别的行业大公司，难得看见一个全国性统一的营销方案，曾经长达几年，只做出一个出国游的方案。

据报道，沱牌改制后，针对以上这些问题，企业进行了直戳问题深处的毫不手软的改革。

这代表着酒企，只要产品没问题，是可以通过营销来改善业绩的！

我们再来看看1919酒类的一些信息

1919酒类前两年花巨资与巨大精力在信息化系统上，其实就是在搭建渠道脉络最关键的部分：信息流、管理流、资金流。加上本身原来从线下开店从事酒业流通，具备较好的商流和物流统筹能力，这为全国性布局建立了先行的脉络基础与血液畅通体系。现在再开店，就只需简单复制了。

1919酒类的兴起，代表酒业的市场、酒业的终端是可构建的，是可管控的，是可产生百亿甚至千亿的业绩的。同样也代表，白酒这个传统行业的寒冬是可跨越的，利用移动互联进行行业商业升级是可行的。

同样，这也说明：酒业只要将营销做到更贴近市场一点，更贴近消费者

一点,就能做出业绩。酒业借用移动互联进行行业升级是可行的!

白酒的厂家与商家,如通透,定有为

做消费品本身就要是与消费者死磕的精神,而前几年的做意见领袖、搞品鉴会、做团购,搞关系营销,那是权贵消费市场下的路数。消费者市场的消费才代表着酒业真正的可持续的未来。

沱牌舍得和 1919 酒类的崛起与提升,应该就是行业复苏的标志了。

时不我待,加油干吧!

9. 新零售已来，伊利做水，会成功吗

水市场还是有空间的

据报道：2016 年中国瓶装水市场规模达 1 379 亿元，中国瓶装水零售量达到 420.64 亿升。2017 年我国瓶（灌）装水制造行业销售收入近 1 500 亿元，净利润突破 160 亿元。

近年来，我国瓶装水行业零售量保持着 10% 以上的增长速度。具体来看，2017 年我国瓶装水市场零售量突破亿吨大关，同比增长约 10.95%。

从零售额来看：近年来，我国瓶装水行业市场零售额稳步增长。2016 年零售额突破 1 500 亿元大关，近五年，中国瓶装水零售额年均复合增长率达到 11.1%。

高端水市场需要有可支撑高端的基因

过去几年，不断有企业做高端水，但鲜有真正成功者。

个人认为，做高端水需要有高端基因来支撑价值。

这些基因可能包括以下几个方面：

（1）大牌企业，其多年与消费者沟通，形成的消费者资产，可释放一些价值。

（2）原来有高端场景服务或产品。这些场景能释放部分高端价值。

（3）产品有高端价值认同的效用、显而易见的效果等。但这方面很难。

（4）依附或创造了某种文化。

至于所谓的稀缺性、一些企业极力标榜的水质包含的某种"成分"，区位地理优势，等等，这些过去不少企业都试过了，效果不大。

伊利做水，可能不同于普通的单体企业

笔者还是基本认同伊利做水的举动，这主要是基于对其新战略的认同，即伊利做品质水，是其高品质健康生活战略的落地方案之一。

可能不少人想到企业要做水产品，目标就是朝着水市场的潜力、水利润的表现、水空间的发展等而来的。但一个成熟的巨头型企业再来做一个新品类，且不是迎着风口来做，其想法，我更相信是企业基于战略实施的。

（1）大型企业，水在其产品体系中，可能就是带货的，并不一定是为了利润。

（2）水与其他饮料食品的消费习惯有一定差别，又可互补。

（3）战略性产品。可口可乐、百事可乐、康师傅饮料等在企业的战略意义都有些不同。

（4）产品线补充，竞争性抵御，是消费品行业的可行状态。这方面，冰露水的上市就是一个经典案例，它是可口可乐用来抵御非常可乐发展的一

个重要防御措施，可是后来作为"战斗品牌"的冰露水不但没成为战略防御的"牺牲"品牌，反而还不断壮大成长。

伊利的品质健康生活战略提出来并没多少年，而当时可口可乐冰露水，也是在可口可乐推出"全方位饮料公司"战略之后不久推出来的。符合战略要求的新品推出，这多少不同于我们拍脑袋上新品的方式，也会给新产品更多、更长久的生存支持。

伊利做水的运营系统应是完善的

大型企业与小企业不同，它的系统性运营能力非常强。虽然一个新品类产品的推出可能不一定会出现爆炸性效果，但也很难致惨败收场。

可口可乐冰露水，原本是中粮赠送给可口可乐公司的一个水品牌，可口可乐公司在做这个水的时候，也是事先约定没有一分钱的市场费用，但是该产品最终竟然成了奥运会赞助产品，这就是非常突出的表现。

其他方面，如产品本身的生产建设、品牌塑造、铺货、业绩管理、政策与促销、客户渠道合作等，都是可基本复制的。现在加上移动互联网，更比传统多一路的营销销售体系来支持。

另外，包括人才、培训、区域突破方式、手段等，也都是基本完善的。可能有部分的经销商需要重点招募，但对于大品牌而言，这也不是一件太困难的事情。

但是，大企业也有新品类死得很惨的案例

可口可乐、宝洁这样的大公司，在这方面也有不少非常遗憾的案例。

如可口可乐的阳光茶、宝锐得功能饮料、天与地水等，虽不算失败，但现在已经不再推广了。立顿也推出过瓶装茶，曾经百威啤酒也想做饮料，等等。

通过与这些公司的接触，笔者总结出：大公司推新品，成也是经验，败也是经验。企业产品众多，里面也有绝对大牌，大单品的销量贡献举重若轻，这造成有些企业在推新品时，新品难以突出姑且不算，有时还会埋没在大单品之下。企业不重视，中间渠道商、终端就更不会重视了。

所以，大企业要想让新品成功，一定要有品牌经理或产品经理，其作为新品"父母"的角色，哺育、呵护新品成长。就像一个婴儿的成长，需要的各种支持都与那些大单品壮汉肯定不同，甚至完全不同。待其成长到具备了一定的消费与市场基础后，再进入壮汉群体中。

还是谨慎将水做成其他产品的赠品

中国的纯净水瓶装产品，从最初的终端零售3元一瓶，到现在的几毛钱一瓶，不少企业将其当作产品促销工具、附带赠品、联络客情的实物，也有不少经销商将其当作完成销量的较好替代品。

笔者想说，中国还是需要更健康、可持续的水行业存在，而不只是将水做成公司内部其他品类产品的助销或附庸。

后记 | 第四种力量与第一种变革力量

在工商业发展史上，有过三种力量，即机器代替手工、电力的广泛应用，以及各类科学技术的兴起。现在移动互联被冠以第四种力量——连接力。这种连接力，正在全力渗透到组织的经营管理当中。或许，你的业绩问题需要解决，你的企业需要拥抱移动互联进行升级转型，你所缺的正是这样一种变革的力量。

专访

针对企业业绩问题解决新范式，《销售与市场》高主编对软信/卖信创始人，华夏基石首席专家、领势投资创始合伙人谭长春先生进行了一次专访。

高：谭老师，您是消费品行业的老兵了，曾经在这么多消费品企业就职，后又10年为企业提供咨询策划服务，怎么突然想到去开发软信和卖信？

谭：这也不是刻意为之。在最近这两年为企业提供咨询服务的过程中，我发现企业很焦虑。一是感觉大家都遇到了基于移动互联进行转型升级的问题；二是不知道电商如何做。于是，在给陷入困境的企业提供咨询服务时，针对几个企业的具体需求，进行了整体设计，并专门招募技术团队，开发了软信。开发完软信后，觉得基于微信的移动社交接口应能做社交电商的尝试。于是，又开发了卖信——独立的社交电商商城。

高：应该说您的开发理念，非常独特。因为很多人开发销售运营管理类软件，都是从 OA、CRM、访销管理上入手。其实，从企业要解决业绩问题这个痛点来看，您的开发与服务是非常精准到位的。因为所有企业的问题，最终都体现到业绩上。您的软信和卖信系统在开发时应该每个节点都是为业绩实现而做的吧？

谭：对。高主编确实洞察到了我开发企业经营管理系统的初心。也就是说，软信不是工具，是真正的经营管理实效系统，卖信是真商城，可基于社交来实际成交。

高：请您谈谈到底是如何解决业绩问题的？

谭：要解决业绩问题，首先就是要有目标，一个企业的总体目标不算目标，我喜欢把它叫数字或者口号。每个人、每个时间点、每个区域、每款产品、每位客户能够具体落实的量化或非量化工作及指标，才叫目标。本身每个企业的工作都是由这些细化的工作汇总而成的。在软信里，可实现每个人有一个随身带的目标库，并且执行完每个细化工作后，后台会自动统计及形成进度状况，并形成表格来直观了解。而助理及领导等就可看到此实时情况，并且可针对问题随时在系统内将相关人员如客户、相关部门等拉到同一个讨论区里，进行实时督导与问题解决。所以，原来每个月甚至每三个月进行的目标跟踪与管理决策，现在可完全随时随地做到，此其一。当然，无论计划做得多好、多漂亮、多细致，执行过程很关键，软信系统提供了基本无死角的过程执行、跟踪、组织、控制手段，使执行有效率、真实，此其二。

在这个过程中，策略部门也可通过软信系统跟业绩人员进行沟通互动，提供即时策略信息或策略、政策、支持等，使业绩工作能够有效果，此其三。

当然，还有一个很重要的业绩实现要素，那就是系统的赋能性，即培训与招聘能力。现在员工在移动互联时代，学习都是碎片化的，而软信正好利用这一点，将知识、技能、管理、态度等方面的培训植入手机中，员工可随时学习，锦囊可随时应用，实现业绩操作过程不卡壳、不死机，员工能圆满与超额完成业绩任务。

高：说得够细致的。听说有些嵌入的功能，都是您在二十多年的业绩实践过程中的经验？如刚才所说的计划、执行，听说还有算毛利、下线客户的进销存甚至资金？

谭：对。企业的问题及解决问题的本质基本上还是相通的。我们在开发软信之时，将每个企业都可能会遇到但又不太好解决的核心问题，利用一些成功企业的秘而不宣的经验与独到手段，并且又基本能复制的，来融合到软信中，力图帮助更多企业解决业绩问题。您刚所指的，基本都是这些。事实证明，企业很受用。另外，我们针对企业可能有一些特异性，或者觉得使用还是有疑虑的问题，我们就提供了一条龙式的咨询策划+软信+卖信的保姆式服务，来力促企业实现超额完成业绩。我们的一些案例证明这是可行的。

高：您是说，你们针对企业的业绩问题，还专门开设了咨询服务，即咨询+软信+卖信，是这样的吗？这么说，可以在企业整体问题解决、经营管理具体问题解决、电子商务升级上，都可与企业一起来共同解决业绩问题？

谭：对。总之，我们以"天下没有难做的企业"为使命，促进消费品企业的共同成长。